www.ingramcontent.com/pod-product-compliance
Lightning Source LLC
LaVergne TN
LVHW010359070526
838199LV00065B/5863
* 9 7 8 9 3 5 8 7 2 4 8 6 8 *

درگاہ شریف

(انشائیے)

شوکت تھانوی

© Taemeer Publications LLC

Dargah Shareef *(Humorous Essays)*

by: Shaukat Thanvi

Edition: September '2024

Publisher :

Taemeer Publications LLC (Michigan, USA / Hyderabad, India)

ISBN 978-93-5872-486-8

9 789358 724868

مصنف یاناشر کی پیشگی اجازت کے بغیر اس کتاب کا کوئی بھی حصہ کسی بھی شکل میں بشمول ویب سائٹ پر
اَپ لوڈنگ کے لیے استعمال نہ کیا جائے۔ نیز اس کتاب پر کسی بھی قسم کے تنازع کو نمٹانے کا اختیار
صرف حیدرآباد (تلنگانہ) کی عدلیہ کو ہو گا۔

©تعمیر پبلی کیشنز

کتاب	:	**درگاہ شریف** (انشائیے)
مصنف	:	**شوکت تھانوی**
صنف	:	طنز و مزاح
ناشر	:	تعمیر پبلی کیشنز (حیدرآباد، انڈیا)
سالِ اشاعت	:	۲۰۲۴ء
صفحات	:	۱۰۸
سرورق ڈیزائن	:	تعمیر ویب ڈیزائن

فہرست

(۱)	الہ آباد کے امرود	6
(۲)	ہنسی	19
(۳)	نہ ہوا میں بیوی	26
(۴)	سالیاں	33
(۵)	مغلوب الغضب	43
(۶)	برت	54
(۷)	اصلاح سخن	67
(۸)	آبنوس کا کندا	87
(۹)	درگاہ شریف	95

الہ آباد کے امرود

کسی دوست کا اپنے کسی جگری دوست کے لیے باہر سے کوئی تحفہ لانا غیر معمولی بات نہیں ہے بلکہ دوستی اسی کا نام ہے کہ اس قسم کے دوستانہ مراسم ادا ہوتے رہیں۔ لیکن خدا گواہ ہے کہ جس وقت نمائش میں مبین ہم سے ملے اور انہوں نے یہ مژدہ سنایا کہ وہ الہ آباد گئے تھے اور ہمارے لیے امرود لائے ہیں تو ہم پر تھوڑی دیر کے لیے کچھ ایسی کیفیت گذر گئی کہ گویا ہم کو ہندوستان ایسے کسی ملک کی سلطنت مل گئی ہے۔ تھوڑی دیر تک تو ہم ایک عالم حیرت میں خاموش کھڑے رہے۔ اس کے بعد ہم نے دل ہی دل میں مبین کی شرافت کا اعتراف کرتے ہوئے اپنے اس دیرینہ خیال پر اظہار تاسف کیا کہ مبین انتہائی خود غرض ابن الوقت اور ایسا کنجوس انسان ہے کہ اگر صبح

اٹھ کر اس کا نام لے لیا جائے تو دن بھر کھانے کو نہ ملے، آخر ہم نے اپنی آنکھوں میں تشکر کی چمک پیدا کر کے مبین سے کہا۔

"الہ آباد کے امرودوں سے زیادہ تمہارا یہ خلوص کہ تم میرے لیے لائے قابل قدر ہے۔"

مبین نے کسر نفسی سے جواب دیا۔

"لاحول ولا قوۃ، بھلا یہ بھی کوئی بات ہے۔ میں تو اپنے گھر کے لیے کچھ امرود لایا تھا لہٰذا تمہارے یہاں بھی بچوں کے لیے بھیج دیے ہیں البتہ اس کا خیال رکھنا کہ وہ چھ قسم کے مختلف ہیں۔ ان میں سے بعض تو یونہی کھانے کے ہیں۔ بعض پکالو کے لیے مخصوص ہوتے ہیں اور بعض کی جیلی اچھی ہوگی۔"

ہم نے اپنی دانشمندی کا اظہار کرتے ہوئے کہا۔

"وہ تو میں سب پہچان لوں گا مگر تم نے آخر اس قدر تکلیف کیوں کی۔ اگر امرود لانا ہی تھے تو بس ایک آدھ قسم کے لے آئے ہوتے۔ تم نے گویا میرے گھر میں امرودوں کی اچھی خاصی دکان بھیج دی ہے۔"

مبین نے بے تکلف سے کہا۔

"ارے نہیں جی وہ تو بس بچوں کے لیے بھیجے ہیں۔"

میں اس وقت دراصل شکر گزاری کے مارے مرا جا رہا تھا اور میرا دل چاہتا تھا کہ مبین کی اس سچی دوستی پر قربان ہو جاؤں، اسی کے ساتھ مجھ کو

افسوس بھی ہو رہا تھا کہ اب تک میں نے مبین کے متعلق اس طرح غلط رائے کیوں قائم کی تھی۔ وہ ہیرا تھا مگر میں نے اس کو ہمیشہ پتھر سمجھا وہ موتی تھا مگر میں اس کو کنکر جانتا رہا میں اس وقت مبین کی اس محبت سے اس قدر متاثر ہوا تھا کہ غیر ارادی طور پر دوستی اور خلوص کے اس فرشتہ کی پرستش کو دل چاہتا تھا۔ میں نے مبین کا ہاتھ اپنے ہاتھ میں لے کر محبت سے دبایا اور اس کو تقریباً گلے لگا کر کہا۔

"اچھا مبین یہ تو بتاؤ کہ تم نے کبھی اس بھید دیا یاں خلوص کا بھی صحیح اندازہ کیا ہے جو مجھ کو تمہارے ساتھ ہے؟"

مبین نے مسکراتے ہوئے کہا۔

"کیا اس قدر خلوص کے بعد بھی اندازہ کرنے کی ضرورت باقی رہ جاتی ہے؟"

سچ پوچھیے تو مبین کے اس جامع جواب میں محبت اور خلوص کی ایک دنیا سمٹ کر رہ گئی تھی۔ اور واقعہ بھی یہی ہے کہ میں نے تو خیر آج ہی مبین کے عشق فریب خلوص کا اندازہ کیا تھا مگر وہ ہمیشہ سے صحیح معنوں میں میرا دوست تھا۔ ورنہ ظاہر ہے کہ الہ آباد سے خاص طور پر میرے لیے امرود لانا بغیر اس خصوصیت کے ممکن نہ تھا۔ میں نے مبین کے نورانی چہرہ پر غور سے نظر ڈالی اور اس کے پر خلوص دل کی گہرائیوں تک اپنے تخیلات کو پہنچا کر خود بخود جھوم گیا۔ مجھ کو اس وقت یہ محسوس ہو رہا تھا کہ گویا مبین کا خلوص مجھ کو اس دنیا سے اڑا کر

کسی ایسے عالم میں پہنچا آیا ہے۔ جہاں سوائے خلوص اور محبت کے کچھ اور نہیں ہے۔ میں مبین کا شکریہ ادا کرنا چاہتا تھا کہ آج سے میں اس کا ایک ادنیٰ خادم ہوں مگر مجھ کو الفاظ نہ ملتے تھے۔ میں مبین کے اس محبت آمیز سلوک کا جواب دینا چاہتا تھا مگر تو بہ کیجیے اس وقت مجھ سے یہ بھی ممکن نہ تھا۔ میں چاہتا ہوں کہ مبین کو اٹھا کر آنکھوں میں بٹھا لوں اور پھر دل میں رکھ لوں مگر یہ بھی نہ ہو سکتا تھا آخر میں نے اپنے کو بہ مشکل تمام اس روحانیت سے علیحدہ کر کے مادی طور پر مبین سے کہا۔

"کل صبح کھانا میرے ہی ساتھ کھانا۔"

مبین راضی ہو گیا۔ اس لیے کہ وہ سچا دوست تھا اور سچی دوستی میں تکلفات کی گنجائش نہیں ہوتی لیکن میں دراصل تکلف برتنا چاہتا تھا اور جب مبین نے میری دعوت قبول کر لی تو میں نے بھی طے کر لیا کہ یہ دعوت صحیح معنوں میں مبین ایسے پر خلوص دوست کے شایان شان ہونا چاہیے اس موقع پر چند اپنے اور چند مبین کے احباب کو مدعو کرنا بھی ضروری تھا لہٰذا گھر جانے سے پہلے ہی میں نے مناسب سمجھا کہ چودھری صاحب، مرزا صاحب مسعود صاحب اور محمود صاحب کو بھی دعوت کی اطلاع دے دوں تاکہ مبین کی دلچسپی کے تمام سامان موجود رہیں لیکن مبین کے لائے ہوئے ہوئے امرودوں کا صرف یہ تو ہو نہیں سکتا تھا۔ کہ یہ چار چھ آدمی دعوت

میں آکر ان چھ اقسام کے مختلف امرودوں کو وصول کرلیں. اس لیے کہ چھ اقسام کے یہ مختلف امرود یہ گنتی کے چند آدمی نہیں کھا سکتے تھے. لہٰذا ہم نے یہ طے کیا کہ کچھ امرود تو اس دعوت میں صرف ہو جائیں گے باقی اس طرح تقسیم کر دیے جائیں گے کہ تسوڑی سی جیلی اور کچھ امرود تو ڈپٹی صاحب کے یہاں بھیج دیں گے اس لیے کہ وہ بے چارے بھی ہمیشہ کم تر ناتے رہتے ہیں، ہولی دیوالی کو بی رتہوار ہوان کے یہاں سے حصہ ضرور آتا ہے. کچھ اچھے پھل چھانٹ کر صاحب کے یہاں بھیج دیں گے. وہ بھی خوش ہو جائیں گے باقی سسرال بھیج دیں گے تاکہ بیگم صاحبہ کے گھر والے بھی تو دیکھیں کہ ہمارے کیسے کیسے دوست ہیں.

ہم اسی پروگرام کی ترتیب میں محو چلے جا رہے تھے کہ سسرال کے عین پھاٹک پر ہمارے سالار جنگ بہادر نے سلام علیکم دولھا بھائی کہہ کر گرفتار کرلیا. اور اب ہم کو مجبوراً گھر میں بھی جانا پڑا. ورنہ یہی کہا جاتا کہ اس طرف سے گذرتے ہیں تو بھی گھر نہیں آتے.

گھر میں ادھر ادھر کی باتوں کے بعد ہم نے اپنی تمام سالیوں کو دعوت دی کہ کل اعلیٰ درجہ کے الہ آبادی امرود کھلائیں گے. سب نے پوچھا بھی کہاں ہاتھ مارا. مگر ہم نے یہی کہہ کر ٹال دیا کہ ہم نے الہ آباد میں امرودوں کا ایک باغ لیا ہے. اس کی پہلی فصل ہمارے یہاں بھیج دی ہے. اس میں

سے یہاں بھی بھیجے جائیں گے۔

اس وعدے کے بعد ہم نے بہ مشکل تمام اجازت حاصل کی اور سسرال سے روانہ ہو کر چودھری صاحب کے یہاں جا رہے تھے کہ راستہ میں نسیمؔ مل گئے اور ان کو دیکھتے ہی ہم کو یاد آیا کہ کل دعوت میں ہم کو چاہیے کہ ان کو بھی مدعو کریں۔ لہٰذا ان سے بھی کہہ دیا کہ بھائی کل صبح ہمارے ہی ساتھ کھانا کھانا۔ انہوں نے اس ہنگامی دعوت کی وجہ پوچھی تو ہم نے کہہ دیا۔

"دعوت تو خیر یوں ہی ہے۔ اصل میں تم کو الہ آباد کے امرود اور جیلی وغیرہ کھلانا ہے۔ چودھری صاحب ہوں گے اور مرزا صاحب، مسعودؔ، محمودؔ اور مبینؔ بھی ہوں گے تھوڑی دیر دلچسپی رہے گی۔"

نسیمؔ نے دعوت قبول کر لی اور ہم چودھری صاحب کی طرف لپکے۔ اس لیے کہ اس مختصر وقت میں سب صاحبان کو اطلاع بھی دینا تھی۔ اور پھر گھر پہنچ کر جو سب سے زیادہ مشکل کام تھا وہ یہ کہ جیلی تیار ہو جائے۔ اس لیے کہ یہی کم بخت ایک جھگڑے کی چیز ہوتی ہے اور اس کو اسی وقت تیار کر لینا زیادہ اچھا تھا لیکن باوجود اس جلدی کے چودھری صاحب کے یہاں پہنچنے سے قبل ہی صاحب کا خانساماں مل گیا اور ہم نے مناسب سمجھا کہ اس کو اطلاع دے دیں کہ صاحب کے لیے کچھ امرود یہاں کل بھیجیں گے۔ تاکہ وہ اگر جیلی وغیرہ بنانا چاہے تو ابھی سے انتظام کر لے۔ ہم نے خانساماں

سے صرف یہی کہہ دیا کہ ہماری سسرال کے باغ سے امرود آئے ہیں، وہ کل صاحب کے لیے بھیجیں گے تم خود ان کو پیش کر دینا اور تمہارے لیے علیحدہ ہوں گے۔ وہ تم رکھ لینا، خانساماں نے اس تحفہ کا صاحب کی طرف سے بالکل صاحب کے انداز سے شکریہ ادا کیا اور ہم اس سے رخصت ہو کر چودھری صاحب کے مکان کی طرف تیزی سے بڑھے۔ چودھری صاحب کے مکان سے پہلے ہی مسعود اور محمود کا مکان پڑتا تھا۔ لہٰذا ان حضرات کو دعوت کی اطلاع دی اور ان کے یہاں سے چودھری صاحب کے یہاں پہنچے یہ بھی بالکل اتفاق سمجھئے کہ چودھری صاحب کے یہاں ڈپٹی صاحب بھی آئے ہوئے تھے لہٰذا ڈپٹی صاحب کی موجودگی میں چودھری صاحب کو مدعو کرنا تو مناسب نہ سمجھا البتہ ان کے واپس ہونے کے انتظار میں اس وقت تک وہاں بیٹھنا پڑا جب تک کہ وہ رخصت نہیں ہوئے۔ ڈپٹی صاحب جب چودھری صاحب کے یہاں سے جانے لگے تو ہم نے ان سے بھی کہہ دیا کہ کل کچھ امرود آپ کی خدمت میں پیش کروں گا ان کو قبول فرما کر ذرہ نوازی فرمائیے گا اور میرے گھر میں میلی خاص طور پر بنائی جاتی ہے وہ بھی بھیجوں گا۔ ڈپٹی کمشنر نے کھیسیں نکال کر بڑی خوشی کے ساتھ اس تحفہ کو قبول فرمانے کا وعدہ فرمایا اور سگار چباتے ہوئے اپنی ٹم ٹم پر روانہ ہو گئے تو ہم نے چودھری صاحب کو دعوت دی، چودھری صاحب نے بھی باوجود انتہائی مصروفیت کے دعوت کو رد نہیں کیا بلکہ

اس "مکلف الخدمت" کو ما حضر تناول فرما کر ممنون فرمانے کا وعدہ کر لیا۔

چودھری صاحب سے رخصت ہو کر ہم الہ آباد کے لطیف امرودوں کے خوش بو دار اور خوش ذائقہ تخیل میں محو ہو کر گھر کی طرف روانہ ہوئے اس وقت ہمارا دماغ امرودوں کے "پکا لو طلب" اور "جیلی آور" خیالی خوشبو سے بھرا ہوا تھا۔ اور نظر کے سامنے الہ آباد کا وہی خوبصورت پھل تھا جس کے متعلق اکبر ایسے مایۂ ناز شاعر نے بھی اپنے مخصوص انداز میں کہا ؎

کچھ الہ آباد میں ساماں نہیں بہبود کے
یاں دھرا کیا ہے بجز اکبر کے اور امرود کے

ظاہر ہے کہ اب تو اکبر رہے نہیں۔ لے دے کے اب تو حاصل الہ آباد صرف وہی چیز رہ گئی ہے جس کو عرف عام میں امرود کہتے ہیں۔ اور واقعہ بھی یہی ہے کہ اب صرف امرود ہی الہ آباد کی ایک ایسی خصوصیت ہے کہ لکھنؤ نہیں بلکہ ایسے ایسے ہزاروں لکھنؤ اس امرود والے الہ آباد پر قربان کیے جا سکتے ہیں اور صرف اسی خصوصیت کی وجہ سے اس امرودوں کے شہر کو صوبہ جات کا متحدہ نہیں بلکہ ہندوستان کا پایہ تخت ہونا چاہیے تھا۔

ہماری سمجھ میں نہیں آتا کہ سر ہار کورٹ بٹلر سابق گورنر یوپی کو یہ کیا سوجھی تھی کہ وہ اس امرودوں کی جنت کو چھوڑ کر لکھنؤ کو صوبجات متحدہ پایہ تخت بنانا چاہتے تھے۔ معلوم یہ ہوتا ہے کہ امرود ان کو مرغوب نہ تھے ورنہ اس کفران نعمت

کی اور کوئی وجہ ہی نہیں ہو سکتی لیکن امردوں کو بھی دعا میں کم از کم اتنا ضرور اثر تھا کہ ہٹلر کی گورنری ختم ہو گئی کہ الہ آباد کے بجائے لکھنؤ صوبجات متحدہ کا پایہ تخت بن جائے لیکن الہ آباد کے امرود کے ہوتے ہوئے لکھنؤ کو یہ امتیاز نہ حاصل ہونا تھا نہ ہوا۔ الہ آباد کے امرود ایک طرف رہے اور ہٹلر صاحب کی لکھنؤ پرستی ایک طرف اور پھر دیکھ لیجیے کہ کس کو فتح ہوئی۔

بات اصل میں یہ ہے کہ الہ آباد کے امرود بھی تو قیامت کے ہوتے ہیں۔ جس مکان میں ایک امرود پہنچ جائے بس وہاں خوشبو کی وجہ سے "بوئے الہ آباد می آید" کا مضمون ہوگا۔ پھر حسن کا یہ حال ہے کہ سفید سفید مرمریں امرودوں پر سرخ خاکی رنگ کی چتیاں، معلوم یہ ہوتا ہے کہ کسی یخ بستہ میدان پہ جا بجا آگ لگی ہوئی ہے یا کسی حسین کو رات بھر مچھروں نے ستایا ہے۔ یا وادی کشمیر میں جا بجا مینملانے کھلے ہوئے ہیں۔ پھر ان کا گداز العظمت للہ اور ان کے سرسبز پتے جن کا لطف وہی حضرات سمجھ سکتے ہیں۔ جن کے گھروں میں بکریاں پلی ہوں۔

یہ تو ہوئیں تمام بیرونی خوبیاں، رہ گئیں ان کی اندرونی لطافتیں اس کی تفصیل بیان کرنے کے لیے کاغذ پر زبان سے لکھنا چاہیے یا پھر امرود سے مختصر یہ کہ الہ آباد کی قسمت میں جنت کا یہ پھل لکھا ہوا تھا جس نے الہ آباد کو دنیا کی جنت بنا دیا ہے۔

ہم امرودوں کے متعلق انہی خیالات میں محو گھر پہنچے۔ دروازہ میں قدم

رکھتے ہی ہم نے اپنی ناک کے دونوں نتھنے پھڑپھڑائے تاکہ اب اس شامہ نواز خوشبو کو حقیقی طور پر بھی سونگھ سکیں۔ جس کو اب تک محض تخیلات میں سونگھ رہے تھے لیکن امرود کی خوشبو کی بجائے وہی خوشبو ناک میں سے گزر کر دماغ کے ٹکڑے اڑانے لگی جو ڈیوڑھی میں، بندھی ہوئی بکریوں کی وجہ سے ڈیوڑھی کو محکمہ حفظان صحت کے لیے ایک غور طلب مسئلہ بنائے ہوئے تھی۔ اس کے علاوہ ہم کو یہ دیکھ کر تعجب ہوا کہ ان غریب بکریوں کو اب تک امرود کے خوش ذائقہ پتے نہیں دیے گئے اگر امرودوں کو اب تک اس لیے صرف نہیں کیا گیا تھا کہ ہم آکر ان کو دیکھ لیں تو پتوں کی حفاظت بھی ضروری تھی، مگر یہ بھی ٹھیک ہے کہ پتے توڑ دینے کے بعد امرود پر عجیب قسم کی بیوگی برسنے لگتی ہے۔ لہٰذا امرود کے سہاگ کا منظر دکھانے کے لیے ابھی پتے توڑے نہ گئے ہوں گے۔

ہم یہی سوچتے ہوئے گھر کے اندر داخل ہو گئے اور ہر طرف گھبرائی ہوئی نظر ڈالی کہ کس طرف امرودوں کا ڈھیر لگا ہے۔ مگر ہم کو کہیں امرود نظر نہ آئے۔

آخر کار ہم نے بیگم سے پوچھا۔

"امرود؟"

جواب ملا۔ "نعمت خانہ میں ہیں۔"

ہم نے حیرت سے کہا۔ "کیا کہہ رہی ہو؟ میں پوچھتا ہوں وہ سب امرود کہاں ہیں جو معین صاحب نے بھیجے ہیں۔"

بیگم نے کہا۔ "کہہ تو رہی ہوں کہ وہ چھ امرود نعمت خانہ میں ہیں۔"

ہم کو بیگم کی اس بے وقوفی پر غصہ آگیا۔

"چھ امرود، یعنی ایک ایک قسم کا ایک ایک امرود نعمت خانہ میں رکھ دیا اور باقی؟"

بیگم نے کہا۔ "اور باقی کیسے بس؟"

ہم نے ٹھنڈے دل سے غور کر کے سمجھ لیا کہ بیچاری بیوقوف عورت غالباً ہمارا مطلب نہیں سمجھی لہٰذا ہم نے پھر پوچھا۔

"مبین صاحب کے یہاں سے الٰہ آباد کے امرود چھ قسم کے آئے ہیں کہو، ہاں.... ان میں ایک ایک تو تم نے حفاظت سے نعمت خانہ میں رکھ دیا کہو، ہاں.... اب میں یہ پوچھتا ہوں کہ باقی سب کہاں رکھے ہیں؟"

بیگم نے چیں بہ چیں ہو کر کہا۔

"چلیے وہاں سے پاگل بنانے۔ کہہ تو دیا کہ مبین صاحب کے ہاں سے چھ امرود آئے تھے، وہ نعمت خانہ میں رکھے ہیں۔"

ہم نے دانت پیس کر بیگم سے خوشامدانہ لہجے میں کہا۔

"چھ نہیں، بلکہ یہ کہو کہ چھ قسم کے امرود آئے تھے۔"

بیگم نے کہا۔ "مجھ کو قسم وسم تو معلوم نہیں بس چھ امرود آئے تھے۔ وہ سب نعمت خانہ میں موجود تھے۔"

اب ہمارا دماغ چکرانے لگا اور ہم نے اس سوال کو پھر سے پوچھا۔
"کل کتنے امرود آئے ؟"
بیگم :" توبہ ہے ... چھ، چھ، چھ ... بار بار کہہ رہی ہوں چھ "
ہم "یعنی صرف چھ، یا چھ، چھ، چھ .... تمہارا کیا مطلب ہے ؟"
بیگم نے منہ پھیر کر کہا
" اونھ ... ہم نہیں بولتے ... واہ ."
ہم - " میرا مطلب یہ ہے کہ ہر چھ قسم کے چھ چھ یا صرف چھ بحیثیت مجموعی ؟"
بیگم نے کہا ۔" صرف چھ، کل چھ، بس چھ ۔"
اب ہم کو یہ خیال پیدا ہوا کہ شاید ہماری بیگم صاحبہ چھ سے زیادہ گنتی ہی مانتی ہیں ۔ لہٰذا ہم نے آخری مرتبہ کہا ۔
" تم چھ کس کو کہتی ہو ۔"
بیگم نے ایک ہاتھ کی پانچوں انگلیاں اور دوسرے ہاتھ کا انگوٹھا اٹھا کر کہا "میں اس کو چھ کہتی ہوں ۔"
ہم :۔ "یعنی وہ چھ کہ نصف جن کے تین ہوتے ہیں ۔"
بیگم نے جھلنس کر کہا۔" آخر یہ آج آپ کو ہوا کیا ہے ؟"
ہم نے کہا۔" اچھا اب مذاق تو ختم کرو، یہ بتاؤ کہ سب امرود کہاں ہیں ؟"

اب بیگم نے قسم کھا کر کہہ دیا کہ صرف چند امرود آئے ہیں اور ساتھ ہی خود نعمت خانہ سے وہ چھ امرود ہمارے سامنے لا کر رکھ دیے جو لکھنؤ کی منڈی میں پیسہ ڈھیر کے حساب سے فروخت ہوتے ہیں۔

غالباً اس کے بعد یہ عرض کرنے کی ضرورت نہیں کہ دوسرے دن ہم کو منڈی سے الہ آباد کے امرود اور بازار سے امرود کی جیلی کتنی تعداد میں لانا پڑی۔ البتہ یہ ضرور عرض کریں گے کہ لکھنؤ میں الہ آباد کے امرود سات آٹھ آنے سیر سے کم ملتے ہی نہیں اور گویا ہم کو چاہیے تھے بیس پچیس سیر لہذا اس رقم اور دعوت کے مصارف کو ملا کر میزان کل یہ ہماری بدھیا بیٹھی ہوئی نظر آتی تھی۔ باقی بچے مبین تو ان کے متعلق ہماری وہی رائے —— اب بھی ہے جو امرود لانے سے قبل تھی اور غالباً وہی رائے صحیح ہے۔

ہنسی

بہت سے واقعات نے ہم کو اس رائے پر پہنچا دیا ہے کہ ہنسی ایک دیوانگی ہے جس کا دورہ اکثر نہایت ہی غمناک موقعوں پر اس طرح پڑ جاتا ہے کہ سنجیدہ سے سنجیدہ انسان نہایت ہی خطرناک قسم کا پاگل نظر آنے لگتا ہے۔ خود ہماری رائے اپنے متعلق یہی ہے کہ ہم سنجیدہ ہوں یا نہ ہوں لیکن اس حد تک صحیح الدماغ ضرور ہیں کہ ہنسنے اور رونے کے عمل میں امتیاز کر سکیں۔ لیکن باوجود اس امتیاز کے ہم پر بارہا اس پاگل پن کے دورے پڑ چکے ہیں تاکہ طالب علمی کے زمانہ میں اس ہنسی کی بدولت پٹتے تھے تاکہ پٹ کر بھی ہنستے اور رونے کے عمل میں امتیاز کر سکیں لیکن باوجود اس امتیاز کے ہم پر بارہا اس پاگل پن کے دورے پڑ چکے ہیں۔ طالب علمی کے زمانہ میں اسی ہنسی کی بدولت

پڑتے ہیں۔ اور پٹ کر بھی ہنسے جاتے ہیں۔ اب دیوانگی نہیں ہے تو اور کیا ہے کہ پٹنے کے بعد بجائے رونے کے ہنسی آرہی ہے۔ اسی طرح طالب علمی کے بعد عملی اور سنجیدہ زندگی میں بھی ہم کو اس ناگہانی ہنسی کی بدولت پاگل بننا پڑا ہے اور جب ان واقعات کو یاد کرتے ہیں تو اپنی دیوانگی پر ہنسی بھی آتی ہے اور غصہ بھی۔

ایک مرتبہ کا ذکر ہے کہ ہمارے کسی ایسے عزیز قریب کا انتقال ہوا تھا کہ روتے روتے ہماری ہچکیاں بندھ گئی تھیں اور آج بھی جب مرحوم کا خیال آتا ہے تو معلوم ہوتا ہے کہ کوئی اندر ہی اندر دل میں چٹکیاں لے رہا ہے۔ ان کے جنازے کے ساتھ ہم بھی اسی طرح گئے تھے گویا خود ہماری روح کھنچ لی گئی ہے اور خدا جانے کس طرح قبرستان کی اس مسجد تک پہنچے تھے جہاں نماز جنازہ ہونے والی تھی۔ نماز جنازہ ادا کرنے کے لیے جس وقت صفیں درست کی جا رہی تھیں۔ خدا جانے کس نے ہم کو صف اول میں کھڑا کر دیا اور ہم بھی غیر ارادی طور پر اپنے غم واندوہ میں کھوئے ہوئے وہاں کھڑے ہو گئے کہ یکایک امام صاحب نے کہا۔ "اللہ اکبر" اور ہم صدقِ دل سے خدا کے حضور میں سنبھل کر کھڑے ہو گئے اس لیے کہ یہ کوئی معمولی نماز نہیں بلکہ نماز جنازہ تھی جس کو ہر مسلمان موت کے ڈر سے نہایت ہی دل لگا کر ادا کرتا ہے۔

امام صاحب نے پھر فرمایا۔ "اللہ اکبر" اور ہمارے قریب کھڑے

ہوئے ایک بڑے میاں فوراً رکوع میں پہنچ گئے۔ بس ہم پر یکایک دیوانگی کا دورہ پڑا اور ہنسی کے مارے بُرا حال ہو گیا۔ دم گھٹنے لگا۔ آنکھیں نکلی پڑتی تھیں، تمام چہرہ سرخ تھا اور جس قدر ہم ضبط کرنے کی کوشش کر رہے تھے۔ اسی قدر یہ دورہ اور بھی زیادہ شدید ہوتا جاتا تھا۔ بہرحال ہم تو کسی نہ کسی طرح ضبط کرے جاتے مگر قیامت یہ ہوئی کہ کوئی اور صاحب بھی اس واقعہ سے متاثر ہو کر کچھ ایسے مغلوب ہوئے کہ ان کی "کھیخ، کھیخ، کھیخ" اور "ٹھیں ٹھیں ٹھیں" نے ہم کو بھی بے قابو کر دیا اور باوجود اس کے ہم نے ہنسی کے اس سمندر میں ڈوبنے کے بعد اپنی سانس روک لی تھی مگر ایک مرتبہ "کھِل کھِل کھِل" پر مجبور ہی ہو گئے۔ حالانکہ اس کے بعد ہم نے کھنکھار کر گلا اس لیے صاف کیا کہ ہماری "کھل، کھل، کھل" کے سامعین اس کو بھی اس کھنکار کا جز و سمجھیں مگر اس کا علاج کیا تھا کہ ہماری "کھل، کھل، کھل" نے ہم سے پہلے ہنسنے والے کو اور بھی بے قابو کر دیا اور وہ نہایت واضح طور پر کھلکھلا پڑے اب ہمارے لیے یہ نہایت ہی دشوار کام تھا کہ ہم نماز میں کھڑے بھی رہیں اور ہنسی بھی ضبط کریں کہ عین اسی وقت امام صاحب نے کہا "السلام علیکم ورحمۃ اللہ" اور ہم نے دل میں کہا۔

مؤذن مرحبا بر وقت بولا

تری آواز مکے اور مدینے

نماز کے بعد جو کچھ ہوا اس کا ایک گہرا سا نقش آج بھی ہمارے دل پر موجود ہے ۔ اور شاید قبر میں بھی ساتھ جائے گا ۔ لیکن خیریت یہ ہوئی کہ مرنے والے عزیز جن کی یہ نماز جنازہ تھی ہمارے اس قدر قریبی عزیز تھے کہ کسی کو اس موقع پر ہماری اس ہنسی پر اعتراض کرنے کی ہمت نہ ہوئی اور آئی گئی ان سب حضرات کے سر گئی جو ہم کو اپنی ہنسی سے بے قابو کر دینے کے باعث ہوئے تھے ۔ ہم کو تو لوگ خیر گھور کر ہی رہ گئے لیکن ان کی شان میں تو کھلی کھلی گستاخیاں کی گئیں کہ تم بد تمیز ہو نالائق ہو تم یہ ہو اور تم وہ ہو اور اس وقت ان حضرت کا انفعال ہم سے پکار پکار کر کہہ رہا تھا ۔ ع

دیکھو مجھے جو دیدۂ عبرت نگاہ ہو

بتائیے اس واقعے کے بعد ہم ہنسی کو دیوانگی نہ سمجھیں تو کیا سمجھیں ۔ غضب خدا کا کہ اپنے ایک عزیز قریب کی موت اور ہم جنازہ میں ہنسیں اس کی امید سوائے ایک پاگل کے اور کس سے ہو سکتی ہے ۔

اور سنیئے کہ ایک مرتبہ نماز جمعہ میں ہمارے ساتھ ایک ایسے صاحب نماز پڑھ رہے تھے جن کا ایک ہاتھ شانے سے کاٹ دیا گیا تھا ۔ ان کی یہ حالت مضحکہ خیز نہیں بلکہ عبرت ناک تھی اور وہ یقیناً مستحق ہمدردی تھے ۔ چنانچہ جب انہوں نے نیت باندھی تو صرف ایک ہاتھ استعمال کر سکے اور اس وقت ہم کو ان سے بڑی ہمدردی پیدا ہو گئی مگر وہ بے چارے ایک ہی ہاتھ سے سجدہ میں گئے اور اس

وقت تک ہماری ہمدردی ان کے شامل حال تھی۔ البتہ جب دعا کا وقت آیا اور سب کے دو ہاتھوں کے ساتھ ان کا صرف ایک ہی ہاتھ اٹھا شیطان نے ہمارے کان میں کہا۔

"بندر اور آئینہ"

بس جناب کچھ نہ پوچھئے کہ ہم کو کس طرح صف میں سے بھاگ کر مسجد کے صحن میں اور مسجد کے صحن سے اپنے گھر کی جانب بھاگنا پڑا۔ خدا جانے باقی نمازی ہم کو کیا کہتے ہوں گے۔ لیکن ہمارا تو یہ حال تھا کہ پیٹ میں سانس بھی نہ سماتی تھی اور مارے ہنسی کے آنکھوں سے آنسو جاری تھے۔

ذرا غور تو کیجئے کہ یہ کون سا ہنسی کا موقع تھا۔ اول تو نماز میں ہنسی ویسے ہی گناہ ہے دوسرے جس بات پر ہنسی آئی تھی وہ تو رونے کا مقام تھا لیکن جب ایک بات ناگہانی ٹھہری تو اس کے متعلق موقع اور محل کا سوال ہی نہیں ہو سکتا۔

ان واقعات کے علاوہ ایسا تو بارہا ہوا ہے کہ قبلہ والد صاحب کو ہم پر غصہ آیا اور ہم کو ان کے غصہ پر ہنسی، ان کو ہماری ہنسی پر اور بھی غصہ آیا اور ہم کو ان کے غصہ کی ترقی پر اور بھی ہنسی آئی نتیجہ یہ ہوا کہ وہ مارے غصہ کے سکلانے لگے اور ہم مارے ہنسی کے ہنسی کو ضبط نہ کر سکے۔ انہوں نے ڈانٹ کر کہہ دیا۔

"دور ہو جاؤ میرے سامنے سے۔"

اور ہم دور ہو کر خوب جی کھول کر ہنس لیے لیکن اس سعادت مندی پر آج تک ہم اپنے آپ کو ملامت کرتے ہیں۔ اور خدا جانے والد صاحب کا دل تو ہم سے کتنا ہٹ گیا ہوگا؟

یہ بھی ہوا کہ ایک مرتبہ ہمارے ایک محسن بزرگ ہم سے باتیں کر رہے تھے۔ اور ہم تھے کہ ہم کو ان کا پوپلا منھ ہنسی کے شدید دورہ میں مبتلا کیے ہوئے تھا۔ انہوں نے ہم کو اپنے قریب بلا کر کان میں کوئی بات کہنا چاہی اور ہم اپنی تمام سعادت مندی اور تمام ادب، و تمیز کو ایک ٹھٹھے میں اڑا کر ہنسی کے مارے وہیں پر لوٹ گئے۔ وہ بے چارے تو ہکا بکا رہ گئے لیکن ہم جو وہاں سے بھاگے ہیں تو اس وقت تک ہم کو ان کے سامنے جاتے ہوئے حجاب آتا رہا جب تک کہ وہ مر نہیں گئے اور آج تک اس ہنسی کی شرمندگی ہم کو پانی پانی کر دیتی ہے۔ اس مرض کا دورہ ایک مرتبہ ایک دعوت کے موقع پر بھی پڑ چکا ہے۔ جب ہمارے منہ میں پلاؤ بھرا ہوا تھا اور ہمارے سامنے ہی دستر خوان پر ایک اور صاحب کچھ اس طرح کھانا کھا رہے تھے۔ گویا اگر وہ دونوں ہاتھوں سے کام نہ لیں تو پلیٹیں ان کے سامنے سے بھاگ جائیں گی ہمیں اس موقع پر ہمارے ایک دوست نے کہنی مار کر اس طرف متوجہ کیا اور ہم نے متوجہ ہوتے ہی پلاؤ بھرے منہ سے وہ زبردست ہنسی کا پھنکارا مار کر ہمارے منھ کے تمام چاول بندوق کی گولی کی

طرح ان کی پچاس لقمہ فی منٹ کی رفتار سے کھانے والے حضرت کی پلیٹ میں گرے اور پھر قیامت یہ ہوئی کہ انہوں نے ایک دم سے اپنی تمام منتری کو بند کر کے ہم کو تعجب سے گھورنا شروع کر دیا۔ نتیجہ یہ ہوا کہ ہم کو اس خوانِ پرتکلف سے بھوکا اٹھنا پڑا لیکن خیریت یہ ہوئی کہ فوجداری کی نوبت نہیں آنے پائی۔

ان تمام واقعات کے بعد ہم کس طرح مان لیں کہ ہنسی دیوانگی کی کوئی قسم نہیں ہے۔ ہم تو اس کے قائل ہو چکے ہیں کہ ہنسی تو بجائے خود مکمل دیوانگی ہے۔ البتہ چونکہ واقعات اور عمل مختلف ہیں۔ لہٰذا کہیں تو وہ ہنسی ہنسی رہتی ہے اور کہیں دیوانگی کا خطرناک دورہ بن جاتی ہے۔ کسی کے راستے میں گر پڑنے پر لوگ ہنس دیتے ہیں اور اس کو ہنسی کی بات سمجھتے ہیں۔ حالانکہ اصل میں یہ ہنسی کی بات نہیں ہے بلکہ ہمدردی کرنے کا موقع ہے لیکن معلوم یہ ہوتا ہے کہ دیوانگی کی یہ قسم اس قدر عام ہے کہ اب لوگوں کو ہنسی کے عمل کے استعمال کا بھی امتیاز نہیں رہا ہے اور اس امتیاز کے اٹھ جانے کا نام دیوانگی ہے۔

نہ ہوا میں بیوی

واقعی غصہ نہ کیجیے کہ قدرت نے بیوی کو کتنا بڑا مرتبہ بخشا ہے۔ یعنی وہ بیوی بنا کر پیدا کی گئی ہے۔ اگر اپنی مرتبہ شناس ہو جائے اور اپنے اقتدار سے سمجھ بوجھ کے ساتھ کام لینا شروع کر دے تو شوہر نامدار کو دو ہی دن میں قدر و عافیت معلوم ہو جائے مگر بیوی اور سمجھ بوجھ یہ دونوں وہ خطوط متوازی ہیں جن کے متعلق یہ بات کچھ مقدر ہو چکی ہے کہ یہ کبھی آپس میں نہیں مل سکتے یوں آپ غصہ بھی کریں گی۔ اپنے اختیارات سے کام بھی لیں گی۔ سارا گھر سر پر اٹھا لیں گی۔ شوہر کی زندگی حرام کر دیں گی مگر نہایت معمولی معمولی باتوں پر جن کو شوہر کوئی اہمیت نہیں دیتا۔ اب آپ ہی بتلائیے کہ بھلا یہ بھی کوئی بات میں بات ہوئی کہ شوہر کے سینما جانے پر آپ کو یہ اعتراض ہوا کہ کہ آخر یہ روز کا سینما کیسا؟ اعتراض کی گہرائی میں ہوتا ہے ظلم

ایکٹرسوں کا قابلِ رشک حسن اور اعتراض کی وجہ بیان کی جاتی ہے اقتصادی. کہ آخر جب روز سینما دیکھا جائے گا تو گھر کا خرچ کیوں کر پورا پڑے گا۔ شوہر سنتا ہے اور بیوی کے اس غصّہ کو غنیمت سمجھ کر کچھ خوشامد، کچھ آئندہ کے متعلق عہد و پیمان اور اگر ان سب سے کام نہ چلا تو کچھ غصّہ سے کام لے کر معاملہ کو رفع دفع کر دیتا ہے۔ اس لیے کہ سینما تو دراصل بہانہ ہوتا ہے۔ وہ خدا جانے روز کہاں جاتا ہے اور کہاں سے آکر سینما کا بہانہ کر کے اسی طرح سستا چھوٹ جاتا ہے کہ گویا قتل کے مجرم کو پھانسی کے بجائے بید لگا کر چھوڑ دیا جائے۔ اب بتائیے کہ مجرم اس سزا کو اپنے لیے نعمت سمجھے گا یا نہیں اور جج صاحب کی یہ حماقت اس کے لیے کتنی بڑی دولت ہوگی۔

تو صاحب اس دولت سے خداوند کریم نے ہم کو مالا مال کر رکھا ہے اور اس مالک کا لاکھ لاکھ شکر و احسان ہے کہ ہم کو ہمیشہ پھانسی کی جگہ قتل کے جرم میں بھی تا برخاست عدالت یا محض تنبیہہ کی سزا ہو جاتی ہے اور ہماری عدالت آج تک مجرم تو خیر ہم کو تسلیم کرتی ہے مگر جرم کی سنگین نوعیت کو سمجھنے سے قاصر رہی ہے۔ فرض کر لیجیے کہ دفتر سے تنخواہ لے کر چلے راستہ میں بیٹھ گئے۔ برج کھیلنے، آدھی رات تک برج کا سلسلہ جاری رہا اور اب جو اٹھے ہیں تو معلوم ہوا کہ آدھی سے زیادہ تنخواہ برج کے نذر ہو چکی ہے۔ اب آپ ہی بتائیے کہ آدھی تنخواہ کا یہ مبارک مصرف

اگر ین دعن بیوی کو معلوم ہو جائے تو ایک شوہر کا کیا حشر ہونا چاہیئے گر ہوتا یہ ہے کہ شوہر ٹھہرا افسانہ نگار گھر پہنچتے پہنچتے نصف تنخواہ کے مصرف کے متعلق ایک کہانی تیار کرلی اور اس یقین کے ساتھ کہ اور چاہے جو کچھ بھی الزام لگ جائے مگر بیگم صاحبہ کے ذہن رسا سے یہ امید تو قوی ہے کہ اصل حقیقت کا علم ان کے فرشتوں کو بھی نہیں ہو سکتا۔ چنانچہ گھر پہنچتے ہی، وہاں تو شروع ہوئی باز پرس، دیر میں گھر پہنچنے اور سارا دن غائب رہنے کے متعلق اور افسانہ نگار نے بیتیں سے اپنی کہانی کا پلاٹ مربوط کر لیا۔ انہوں نے کہا۔

" اب بھی بیکار ہی آئے یہاں سارا دن اور آدھی رات گذار دی ہے وہیں باقی رات بھی بسر ہو سکتی تھی۔ گھر گیا ہوا چولھے بھاڑ میں تنخواہ ملی ہوگی نا پہنچے ہوں گے اسی موئے بائسکوپ میں۔ ایک بائسکوپ کا تماشہ دیکھا ہوگا۔ چھ بجے سے نو بجے تک۔ دوسرے بائسکوپ میں نو بجے سے بارہ بجے تک رہے ہوں گے۔ گھر گیا موا چولھے بھاڑ میں۔"

شوہر نے منھ سکھا کر ایک ٹھنڈی سانس کے ساتھ کہا۔

ملازمت ہی کون سی ایسی ملی ہے جس میں یہ شوق بھی پورے کئے جاتے۔ یہاں تو یہ فکر ہے کہ یہ مہینہ کیسے گزرے گا اور اُڑا رہی ہیں بائسکوپ کی۔ بس اب مہینہ بھر کے لیے بائسکوپ اور سب کچھ گیا بلکہ

میں تو سوچ رہا ہوں کہ کل ہی استعفیٰ دے دوں۔ ارے ہاں روز کا یہی کا یہی قصہ ہے۔ محنت تو لیں گے صاحب بیلوں کی طرح مہینہ بھر اور تنخواہ میں ہو گی یہ کتر بیونت بار آئے ہم ایسی نوکری سے۔"

بس بیوی صاحبہ کا تمام جوش و خروش ختم اور آواز کا وہ رعب بھی غائب۔ نہایت دھیمی اور سہمی ہوئی آواز میں بولیں۔

"کیا بات ہے آخر؟"

شوہر نے اپنی زندگی سے عاجز آنے کی اداکاری کا کمال صرف کرتے ہوئے کہا

"بات کیا ہوئی۔ ستارہ ہی کچھ ایسی گردش میں ہے کہ سوچو کچھ ہوتا ہے کچھ۔ اب کی ارادہ تھا کہ تنخواہ مل جائے تو چپڑ بنوا لیں گے وہاں تنخواہ ملی ہے آدھی سے بھی پانچ روپیہ کم۔ کرے ڈاڑھی والا اور پکڑا جائے مونچھوں والا۔ نہ معلوم کس کم بخت نے خدا غارت کرے اس کو سرکاری خزانہ سے پانچ ہزار غائب کر دیئے تھے اور اب یا تو وہ رقم سب اپنا پیٹ کاٹ کر پوری کریں ورنہ پورا عملہ کھینچا کھینچا پھرے اور نوکریاں سب کی الگ جائیں۔ بڑے صاحب بھی شہرے افیونی اپنی آدھی تنخواہ دے کر حکم دے دیا کہ سب اپنی اپنی آدھی تنخواہ دے کر اس رقم کو پورا کریں۔ اس کے بعد بھی وہ رقم پوری نہ ہوئی تو میری تنخواہ سے پانچ روپے اور لے لئے۔"

بیوی نے کہا۔ "یہ آخر تم ہی پر کیا ٹھیکہ تھا کہ پانچ روپے جو کم پڑے وہ تم ہی سے لئے گئے؟"

شوہر نے جھنجھلا کر کہا۔ "یہ کون کم بخت کہہ رہا ہے، ارے صاحب آدھی تنخواہ کے بعد بھی دو سو ستر روپے کم پڑ رہے تھے۔ اب جو حصہ رسدکمی کی گئی تنخواہوں میں تو مجھے پانچ روپے اور دینا پڑے۔ سمجھ میں نہیں آتا کہ یہ مہینہ کیوں کر گذرے گا اور ہوگا کیا۔ بہرحال یہ تو میں طے ہی کر چکا ہوں کہ کل ہی استعفیٰ دے دوں گا۔"

ظاہر ہے کہ تنخواہ کی اس کتربیونت کا براہ راست اثر بیوی ہی پر ہونا چاہئے تھا۔ اس لیے کہ اسی غریب کو مہینہ بھر اسی رقم میں سارا خرچ چلانا تھا مگر چونکہ شوہر صاحب اپنی زندگی سے بیزار بیٹھے تھے اور ملازمت سے علیحدہ ہونے کی بھی ٹھان لی تھی۔ لہٰذا بیوی کے لیے سوائے اس کے اور چارہ کار ہی کیا تھا کہ وہ اپنی پریشانی کو اپنی ہی زبان میں چھوٹے بھاؤ میں ڈال کر شوہر کو تسلی و تشفی دے ورنہ خدا جانے وہ کیا کر گزرے۔ لہٰذا بیوی نے کہا۔

"نوکری میں تو یہ لگا ہی رہتا ہے۔ جیسے اب کی نہ سہی اگلے مہینہ بڑا لینا یا وہ روپیہ لو جو میری گھڑی کے لیے رکھا ہے مجھے اگلے مہینہ دے دینا۔ آخر اتنی پریشانی کی کون سی بات ہے؟"

لیجئے قصہ ختم اب نہ تنخواہ کی حساب فہمی کی ضرورت رہی نہ دیر میں

آنے کے سلسلے میں لیکچر سننا پڑا بلکہ اگر تھوڑی سی بے حیائی لادلی جائے تو جستر بھی ملتا ہے مگر عاقبت اندیش شوہر یہی غنیمت سمجھتا ہے کہ بلا ٹلی۔ اس جگہ ہم ہوتے بیوی کی حیثیت سے اور بیوی صاحبہ ہوتیں شوہر کی جگہ پر تو یہ سبق مل جاتا کہ شوہر سے انتقام کیوں کر لیا جاتا ہے۔ ایسا خط شوق لکھا جاتا اور اس کے پڑھنے میں بیوی صاحبہ یوں محو ہوتیں کہ شوہر صاحب خط پڑھ بھی لیتے اور انہیں خبر نہ ہوتی اور پھر شوہر نامدار کی باز پرس پر وہ پردہ فرمائیں کہ جناب پرایا خط پڑھنا خلاف تہذیب ہے۔ آپ کو میرے نجی معاملات میں دخل دیتے ہوئے شرم آنی چاہیے۔ یہ بدتمیزی برداشت نہیں کر سکتی۔

آپ کہیں گے کہ جواب غیر فطری ہے۔ عورت کی تقدیس اس پست انتقام کی کبھی روادار نہیں ہو سکتی اور نہ اس انتقام کو کوئی غیرت دار مرد برداشت کر سکتا ہے۔ تو جناب عرض یہ ہے کہ آپ اس پلاٹ کو واقعہ ہی کیوں سمجھیں۔ یہ تو شوہر کو دھمکانے والا ایک جو جو ہے۔ اس کے سوا کچھ نہیں۔ اگر اس انتقام پر شوہر صاحب کی حمیت کوئی خطرناک پہلو اختیار کرنے لگتی یا ان کی ہٹ دھرمی اس موقع پر بھی زیادتی بن جاتی تو میرا چھوٹا بھائی بھی نہیں۔ یہ کہئے کہ دیور ہنستا ہوا ہنسی کے مارے تلابازیاں کھاتا ہوا کرٹن کے پیچھے سے نکل آتا کہ " واہ بھائی جان وہ میرا خط تک آپ نہ پہچان سکے "۔

اس وقت میرے دیور کے بھائی جان صاحب کا جو حلیہ ہوتا میں

کوشش کرتی اس کی تصویر لے لوں تاکہ سند رہے اور بوقت ضرورت کام آئے۔ اس لطیفہ کے باوجود ان کو یعنی میرے صاحب بہادر کو دو گہرا سبق ملتا کہ زندگی بھر یاد کرتے بجے اور معنی مشکل ہی سے بھولتے اس کرب کو جو اپنے مفرد منہ رقیب کے نام یا اپنے منفرد منہ رقیب کا خط دیکھ کر ان کو ہوا تھا۔ شوہر کو سبق دینے کے طریقے ہوا کرتے ہیں۔ یہ نہ کہ منہ پھلا کر شروع کر دیئے طعنے کہ "اے تم سے چھوٹ چکیں وہ بیگم صاحبہ۔ جیسے اس کلموہی نے میرا گھر اجاڑا ہے۔ اللہ کرے اسے بھی کبھی سکھ نصیب نہ ہو۔ وہ بھی یوں ہی نصیبوں کو رو دے۔"

اس قسم کے مواقع پر شوہر پر کوئی اثر کبھی نہیں ہوتا بلکہ وہ عموماً کانوں سے یہ دھواں دھار تقریر سنتا ہے اور منہ سے کوئی ٹھمری یا دادرا یا کسی خیال کے بول گنگنا رہتا ہے تاکہ یہ ناخوشگوار وقت آسانی سے کٹ جائے۔ بیوی صاحبہ سمجھتی ہیں کہ انھوں نے خوب خبر لی مگر اس بیل کو اپنے سینگ پر بیٹھی ہوئی مکھی کی اطلاع تک نہیں ہوتی۔ مختصر یہ کہ پھر بھی کہنے کو جی چاہتا ہے کہ:

"افسوس نہ ہوا میں بیوی۔"

سالیاں

بیگم صاحبہ تو جس قدر نیک واقع ہوئی ہیں۔ اس کو ہم ہی خوب جانتے ہیں۔ یا ہمارا خدا جانتا ہے۔ لیکن ان کی تمام بہنیں ہمارے حق میں ایسی معاند ہیں کہ خدا ہر ایک کو ایسی نسبتی بہنوں سے محفوظ رکھے۔ بیوی کے متعلق یہ کہا جا سکتا ہے کہ ع

درگلوئم سنت پیمبر است

لیکن بیوی کی بہنوں کے متعلق ہم نے کسی شرعی یا قانونی کتاب میں کوئی ——— ایسی دفعہ نہیں دیکھی جس کے ماتحت ان کو یہ حق حاصل ہو کہ غریب دولہا بھائی کو جب جی چاہے بیوقوف بنا دیا کریں اور ہر وقت اپنی بہن کے شوہر کا ناطقہ بند رکھیں معلوم نہیں تمام دنیا کے دولہا بھائیوں

کا یہی حشر ہوتا ہے جو ہم دولہا بھائی بہ نقریباً ایک درجن سالیوں کے ہاتھوں ہوتا رہتا ہے۔ یا یہ بات ہمارے لیے ہی موقوف ہے۔

بہرحال ہمارا تو یہ حال ہے کہ ان سالیوں نے اس کثرت سے بیوقوف بنایا ہے اور اس کثرت سے ______ ہم کو بیوقوف بنا کر ٹھٹھے اڑائے ہیں کہ اب خود ہم کو اپنی بیوقوفی کا احساس ہونے لگا ہے اور خود ہم نے اپنے کو مضحکہ خیز سمجھ لیا ہے۔

شادی سے پہلے ہم کو اپنے بیوقوف ہونے کا کوئی واقعہ یاد نہیں ہے یہ اور بات ہے کہ والدین پیار میں ہم کو بے وقوف کہتے ہوں، یہ ہم کو اچھی طرح یاد ہے کہ ہماری بہنیں اکثر کہا کرتی تھیں کہ جو آپ کو بے وقوف سمجھے وہ خود بیوقوف ہے۔ لیکن شادی کرنے کی بیوقوفی کے بعد تو گویا ہم اپنی سالیوں کے میر جیت بن گئے اور ٹانگ برابر کی چھوکریوں نے ہم کو اٹھا کر طاق پر بٹھا دیا۔

اس سلسلہ کی پہلی کڑی یہ ہے کہ ہم شادی کے بعد جب پہلی مرتبہ اپنی سسرال گئے تو عجیب شان تھی۔ وہاں ہم کو بچوں سے لے کر بوڑھوں تک سب خدا جانے کیا سمجھتے تھے۔ کوئی ہمارے لیے دیدہ دل فرش راہ کرتا تھا تو کوئی خود مجسم بچھا جاتا ہے اور ہماری خوش دامن صاحبہ نے تو گویا اپنے لخت جگر ہی سے ہماری تواضع کی تھی۔

مختصر یہ کہ ہم اس گھر کے داماد نہیں تھے بلکہ دیوتا تھے جس کی سب پرستش

کررہے تھے ایسی جگہ اور ایسے ماحول میں انسان کو اپنی اصلی قیمت کا اندازہ ہوتا ہے۔ اور بعض اوقات وہ اپنے دماغ کو آسمان تک پہنچا دیتا ہے۔ تقریباً یہی حال ہمارا تھا اور ہم اپنی اس شاہی میں کھوئے ہوئے تھے کہ ہماری سالی نمبر ۲ یا سالی نمبر ۳ نہایت ادب سے لجائی لجائی اور شرمائی ہوئی تشریف لائیں اور جھک کر سلام کرتے ہوئے ایک نہایت نفیس گلوری ہم کو مرحمت فرمائی۔

سچ تو یہ ہے کہ ہم تھے تمباکو نوش دولہا اور جگہ تھی سسرال کی جہاں مارے شرم کے پان بھی نہیں مانگ سکتے تھے اور منہ میں رمضان شریف لیے بیٹھے تھے۔ ایسی حالت میں یہ پان کیا ملا۔۔۔ گویا زندگی مل گئی ہم۔ ہم نے اپنی سالی نیک سالی کو دعائے کر پان لے لیا اور سب کی نظریں بچا کر چپکے سے منہ میں رکھ لیا، پان کھائے گئے اور اس حد تک اس کو کھایا کہ پیک تک تھوکی۔

ہماری بیگم صاحبہ کی حقیقی بہنیں یعنی ہماری براہ راست سالیاں تو ہمارے سامنے ہی تھیں لیکن رشتہ کی سالیاں بھی پردہ کو پھاڑ پھاڑ کر اور دروازوں کی درازوں سے ہم کو دیکھ رہی تھیں۔

یہی وجہ تھی کہ ہم ہر ممکن احتیاط برت رہے تھے تاکہ ہم کو دیکھنے والیاں ہمارے متعلق کوئی بری رائے نہ قائم کر سکیں لیکن پان کھانے کے بعد ہی یہ عجیب و غریب واقعہ پیش آیا کہ ہماری سالی نمبر ایک یعنی بیگم صاحبہ کی اور ان کے توسل سے ہماری ہمشیرہ محترمہ گولر کے پتوں کی ایک شاخ لیے ہوئے تشریف لائیں۔

اور ہمارے سامنے رکھ کر کہا۔

"اور کھاؤ۔"

ہم اس "اور کھاؤ" کا مفہوم قطعاً نہ سمجھ سکے اور سوالیہ "جی؟" کہہ کر رہ گئے تو انہوں نے فرمایا کہ "تم کو گولر کے پتے بہت مرغوب ہیں تو اور کھاؤ۔"

ہم اب بھی نہ سمجھ سکے تو ہماری بیگم کی آپا نے ہماری بلائیں لے کر سارا بھانڈا پھوڑ دیا کہ۔

"واری لڑکیو! وہ تو بے چارا کیسا بھولا ہے اور تم لوگ اس کو گولر کے پتے کھلا رہی ہو۔ وہ غریب پان سمجھ کر کھا گیا۔"

یہ کہنا تھا کہ تمام گھر قہقہوں سے گونج اٹھا اور ہم نے بھی تمام قصہ کی اصلیت سمجھ کر کچھ اس طرح ہنسنا شروع کیا کہ اگر روتے بھی تو ایسی ہی صورت بنتی البتہ یہ ضرور معلوم ہو رہا تھا کہ گویا سینکڑوں جوتے پڑ گئے ہیں۔ ہم اپنی... کھسیانی ہنسی برابر ہنس رہے تھے اور بار بار دسمبر کے مہینہ میں نکلنے والے پسینہ کو اپنے سرخ رومال سے خشک بھی کرتے جاتے تھے کہ ہماری سالی نمبر ا نے نہایت متانت کے ساتھ ہم کو دوسرا پان دے کر اس قصہ کو ختم کر دیا اور اپنی چھوٹی بہنوں کی طرف سے معذرت چاہی کہ۔

"بھیا یہ تمہاری سالیاں بڑی شریر ہیں۔ ان کے مذاق پر برا نہ ماننا ان کا تم سے مذاق کرنے کا رشتہ ہے لو یہ پان کھا لو۔"

ہم نے بھی یہی مناسب سمجھا کہ اس قصہ کو یہیں پر ختم کر دیں۔ لہٰذا یہ کہتے ہوئے کہ۔

"برا ماننے کی کون سی بات ہے۔"

پان کھا گئے اور خدا خدا کر کے وہ قہقہوں اور ٹھٹھوں اور کھلکھلاہٹوں کا طوفان ختم ہوا۔ اب ہم کو بھی اپنے بیوقوف بن چکنے کا خیال ذرا کم ہونے لگا۔ اور ہم اس طرح اطمینان سے بیٹھ گئے جس طرح طوفان کے گذر جانے کے بعد ایک اطمینان ہوتا ہے۔ لیکن اب ہمارے سامنے آئینہ پیش کیا گیا کہ ذرا رُخ روشن کی زیارت کیجئے۔ اب جو دیکھتے ہیں تو تمام منھ لبوں سے حلق تک بلیو بلیک روشنائی کی دوات بنا ہوا تھا۔ حلق سے معدہ تک کا حال خدا جانے آئینہ دیکھ کر خدا جانے کیا حال ہوا لیکن ہماری سالیوں کا تو یہ حال تھا کہ لوٹی لوٹی پھر رہی تھیں۔ مارے ہنسی کے پیٹ میں بل الگ پڑ رہے تھے۔ اور آنکھوں سے آنسو الگ جاری تھے۔ اس وقت ہم کو اپنی بیکسی پر واقعی رونا آرہا تھا، ہم نے بھی خدا جانے کتنے مذاق کئے ہیں اور کتنے لوگوں کو بیوقوف بنا کر چھوڑ دیا ہے لیکن اس موقع پر تو کچھ اس بری طرح تختۂ مشق بنے تھے کہ آسمان کے دور ہونے اور زمین کے سخت ہونے پر غصہ آرہا تھا لیکن ایک اور مصیبت یہ تھی کہ ہم کو اس طرح بیوقوف بننے کے باوجود منھ نہ بنانا چاہیئے تھا بلکہ ہنسنا چاہیئے تھا۔ ورنہ لوگ یہ سمجھتے کہ ہم برا مان گئے۔ لہٰذا ہم ہنس رہے تھے۔ اب اس ہنسی کو چاہے آپ

ہمارا ہنسنا سمجھئے یا قسمت پر رونا، بہر حال باچھیں کھلی ہوئی تھیں۔ حالانکہ نگاہیں نہ اٹھتی تھیں اور دل یہ چاہتا تھا کہ نگاہیں چار کرنے سے پہلے ہی موت آجائے۔

لیکن اس مصیبت کے وقت خدا نے ہمارے خسر کو رحمت کا فرشتہ بنا کر بھیج دیا۔ اور خدا خدا کر کے یہ بلا ٹل گئی ورنہ یہ سالیاں تو اس دن ہمارا منھ کالا کر کے گدھے تک پر سوار کر دیتیں اس لیے کہ ان کو تو دولھا بھائی کے بہانے ایک کاٹھ کا الو ہاتھ آیا تھا۔ بھلا اس سے زیادہ دلچسپی لینے کا اور کون سا موقع ملتا۔

اس کے بعد سے معمولی طور پر تو خدا جانے ہم کتنی مرتبہ بے وقوف بنائے گئے اور ہم کو بیوقوف خفی بننے کی نوبت نہ آئی لیکن یہ بھی ہماری بیوقوفی ہی تھی کہ ہم کو اپنی نیک نہاد سالیوں کی طرف سے ایک قسم کا اطمینان سا ہو گیا۔ تھا کہ پہلے جو ہم سے شرارتیں کی گئیں وہ غالباً اسی لیے کی تھیں کہ ہم نئے نئے دولھا بھائی تھے۔ اور وہ نئی نئی ہماری سالیاں، لہٰذا انہوں نے اپنے تمام ارمان شدّ و مد سے نکال لیے اور ہم گھر کی مرغی دال برابر ہو گئے۔ یعنی ہم کو زیادہ بیوقوف بنانے میں کوئی دلچسپی، کوئی کشش اور کوئی مزا باقی نہ رہا۔ یہ سبب ہو کر ان سالیوں کو دراصل ایسے دولھا بھائی کو بے وقوف بنانے میں لطف آتا ہے۔ جو عقل مند ہوا، جن کی چالاکی مسلّم ہو اور جو بڑے بقراط بنتے ہوں۔

ہمارے ایسے اُلّو کو اُلّو بنانے میں نہ تو کوئی کمال تھا اور نہ واقعی کوئی لطف آسکتا تھا۔ ع

جو آپ ہی مر رہا ہو اس کو گر مارا تو کیا مارا

بہر حال اب ہم سے صرف اسی قسم کا مذاق رہ گیا تھا کہ کبھی جوتا چھپا دیا گیا اور مٹھائی لے کر واپس کیا۔ کبھی کوئی دھر یا پھل لے کر جان چھوڑی، کبھی منھ دھونے کے پانی میں رنگ ملا دیا اور کبھی نمک ملی ہوئی شیر برنج کھلا کر خوش ہولیں۔ بہر حال اس معمولی معمولی مذاق کے علاوہ اور کوئی ایسی خاص بات پیش نہیں آئی جو قابل ذکر ہو، اس کے علاوہ اب ہم بھی نئے دولھا نہ تھے نہ نئے دولھا بھائی۔

اب ہم بھی اپنی سالیوں میں سوائے منجھلی کے جو بڑی تھیں اور سب کو چھیڑنے کا حق حاصل کر چکے تھے۔ حالانکہ ہم نے کبھی ایسا نہیں کیا اور نہ یہ مناسب تھا خواہ وہ ہم کو کتنا ہی بے وقوف بنائیں اور خواہ ہم کو کتنا ہی بیوقوف کیوں نہ بننا پڑتا۔ رہ گئیں ہماری سالی صاحبزادہ ہماری سسرال سے زیادہ خود اپنی سسرال میں رہتی تھیں۔ لہٰذا ان کی طرف سے تو گویا بالکل ہی اطمینان تھا۔

ہماری بیگم صاحبہ کی حقیقی بہنوں کے علاوہ رشتہ کی بہنیں بھی تھیں جو سب ہماری سالیاں تھیں۔ ان سالیوں کے علاوہ بیگم صاحبہ کی سہیلیوں کا نمبر آتا ہے۔ وہ بھی گویا ہماری سالیاں ٹھہریں اور اس اعتبار سے تو گویا مسلم گرلز ہائی اسکول ہمارے لیے "سالیستان" یا "ادارۂ سالیات" کی حیثیت

رکھتا تھا اور ہر قسم کی سالیاں گویا اسی فکر میں رہتی تھیں کہ ایک جانِ ناتواں کو تختہ مشق بنائے رہیں۔ ایسی صورت میں آپ ہی بتائیے کہ وہ کون دو ُدھا بھائی ہے اس دنیا کے پردے پر جو اپنے کو بے وقوف بنائے جانے سے محفوظ رکھ سکے اور جس کو سالیوں کی یہ فوجِ ظفر موج باندھ کر اتو نہ بنادے۔ چنانچہ ایک مرتبہ ہماری ایک تعلیم یافتہ سالی یعنی بیگم صاحبہ کی ایک سہیلی نے ان کو اپنے دولتخانہ پر مدعو کیا اور ان کے ساتھ ہم کو بھی۔ یہ سالی صاحبہ ہندو تھیں اور ہمارے سامنے آتی تھیں۔ ان کی صورت سے وہ شرارت ٹپکتی تھی جو عام طور پر سالیوں کے چہرے سے ٹپکا کرتی ہے۔ لہٰذا ہم ان سے بہت گھبراتے تھے اور ڈرتے رہتے تھے کہ اگر یہ مسماۃ ہم کو ستانے پر تل گئیں تو ہمارا خدا جانے کیا حال ہوگا۔ اور کیا گت بنے گی۔ چنانچہ ان کے یہاں ہم یہ طے کر کے گئے کہ پھونک پھونک کر قدم رکھیں گے۔ اور ذرا بھی غافل نہ ہوں گے۔ ورنہ خدا جانے کیا واردات پیش آئے۔

ہم ان کے یہاں پہنچتے ہی اٹینشن ہو کر کھڑے ہو گئے اور وہ ان تیاریوں پر مسکرانے لگیں۔

ہم نے کہا "آپ سے مجھ کو بہت ڈر لگتا ہے۔"

انھوں نے نہایت سادگی سے کہا۔ "کیا میں کاٹ کھاؤں گی؟"

ہم ہنستے ہوئے اس کرسی پر بیٹھ گئے جس پر بیٹھنے کا اشارہ کیا گیا تھا لیکن اس کے بعد کیا ہوا؟ بس کچھ نہ پوچھیے معلوم یہ ہوا کہ ہم پر بجلی گر پڑی کرسی

اوپر بھی ہم نیچے اور اس کا ٹوٹا ہوا پایا ہماری بغل میں، تمام کمرہ قہقہوں سے گونج رہا تھا اور تو اور خود ہماری شریک رنج و راحت کو بھی اپنے سرتاج کی اس عزت افزائی پر ہنسی آرہی تھی ہم نہایت پھرتی سے دامن جھاڑتے ہوئے اٹھے۔ اور ہمارے ہمزلف یعنی ان سالی صاحبہ کے شوہر نے ہنستے ہوئے پوچھا۔

"کہیں چوٹ تو نہیں لگی؟"

کہنے لگے "ہندوؤں میں سالی اور بہنوئی کا مذاق بھی خوب ہوتا ہے۔"

ہم نے کہا۔" جی ہاں، اس کا تو اندازہ ہو گیا ہے۔"

لیکن اس کے بعد پھر ہم سے کوئی تیسرا مذاق اس لیے نہ کیا گیا کہ اب صرف ہنسی ہنسی میں جان سے مار ڈالا جا سکتا تھا اور تو کچھ باقی نہ رہا تھا۔

ہم نے تھوڑی دیر ادھر ادھر کی باتیں کیں، کھانا کھایا اور اپنے پنڈت جی ہمزلف سے شطرنج کھیلنے بیٹھ گئے۔ ادھر ہماری بیگم صاحبہ اپنی اسکولی بہن سے راز و نیاز میں مصروف ہو گئیں ہم نے جب بازی ختم کی اور بیگم نے چلنے کا تقاضہ کیا اٹھے لیکن اس شان سے کہ تمام تخت کا فرش ہمارے ساتھ ساتھ تھا اور معلوم ہوتا تھا۔ ہم نے وہی گون پہن لیا ہے جو دہلی دربار میں ملکہ معظمہ پہن کر تشریف لائی تھیں۔ سب نے ہنسنا شروع کیا اور ہم پھر غور کرنے لگے کہ آخر یہ معاملہ کیا ہے۔ بہت تحقیق اور تفتیش کے بعد پتہ چلا کہ ہماری شیروانی کا دامن فرش سے سی دیا گیا تھا۔

خیر یہ مذاق چونکہ تکلیف دہ نہ تھا لہٰذا ہم کو غصہ نہیں آیا۔ صرف ہم جھینپ کر رہ گئے۔

اب کہاں تک ان سالیوں کی کرم فرمائیوں اور دولہا بھائی نوازیوں کا ذکر کیا جائے۔ اگر ہم زندگی بھر لکھتے رہیں تو بھی یہ سلسلہ ختم نہیں ہو سکتا۔

ہم تو سالیوں کے معاملے میں اس نتیجہ پر پہنچے ہیں کہ ؎

خدا محفوظ رکھے ہر بلا سے
خصوصاً سالیوں کی اس وبا سے

آخر میں یہ بتا دینا ضروری ہے کہ ابھی ہماری سالیوں کی میزان کل نہیں نکلی ہے۔ اس لیے کہ پیداوار بفضلہ جاری ہے اور ایک آدھ خسر صاحبان ابھی تک کنوارے بھی ہیں۔ دیکھیے وہ اس تعداد میں کس قدر اضافے کرتے ہیں۔

مغلوب الغضب

ہماری اپنے متعلق تو ذاتی رائے یہ ہے کہ ہم نہایت نیک واقع ہوئے ہیں لیکن جب دوسرے ہماری سیرت پر ریویو کرتے ہیں تو معلوم ہوتا ہے کہ ہم چار عناصر سے مرکب نہیں ہیں بلکہ صرف آگ سے بنائے گئے ہیں اور انسان کیا ہیں اچھے خاصے انگارہ چنانچہ والدہ تو یہ کہتی ہیں کہ بچپن ہی سے ہم چڑچڑے واقع ہوئے ہیں اور اپنے والد کا نمونہ ہیں۔ والد صاحب کا خیال ہے کہ ہمارے ناک پر مکھی نہیں بیٹھتی تھی اور بالکل اس معاملہ میں والدہ کی نقل مطابق اصل ہیں لیکن بیگم صاحبہ کی رائے ہے کہ گویا وہ ہمارے ساتھ نباہ کرکے جنت میں گھر بنا رہی ہیں۔

مختصر یہ کہ ہم مسلم الثبوت مغلوب الغضب ہیں اور والد صاحب

قبلہ اور والدہ صاحبہ مدظلہا کے تبصروں کو یکجا کر دیا جائے تو یہ نتیجہ نکلتا ہے کہ اس معاملہ میں نجیب الطرفین بھی ہیں۔ لیکن خدا گواہ ہے کہ خود ہم کو اپنے اس عیب کا اندازہ نہیں ہوا۔ اور اب تک ہمارا دل یہی کہتا ہے کہ ہمارے متعلق رائے زنی کرنے میں ان عزیزوں نے یقیناً تعصب سے کام لیا ہے۔ اور رائی کو پربت بنا کر پیش کیا ہے۔ ہم کو اس سے انکار نہیں کہ ہم ذرا تند مزاج واقع ہوئے ہیں لیکن کیوں واقع ہوئے ہیں؟ اس پر آج تک کسی نے ٹھنڈے دل سے غور نہیں کیا۔ ورنہ ہماری یہی تند مزاجی ہماری خوبیوں میں سمجھی جاتی۔

قصہ اصلی میں یہ ہے کہ ہمارے دل میں کبھی بات نہیں رہتی جو بات ناگوار ہوئی اس پر فی البدیہہ غصہ کر دیا اور ختم، یہ نہیں کہ اس کو نگل گئے۔ اور دل میں رکھ کر پرورش کرنا شروع کر دی یہاں تک کہ وہ بڑھتے بڑھتے بات کا بتنگڑ بن گئی اور پھر اس کے خوفناک نتائج پیدا ہوئے۔ ہم کو بھلا اس کھیتی باڑی کی کہاں فرصت؟ یہاں تو حال یہ ہے کہ اچھے خاصے بیٹھے ہوئے ہیں کوئی بات مزاج کے خلاف ہو گئی۔ بس معلوم ہوا کہ آتش بازی کے قلعہ میں دیا سلائی دکھا دی گئی اور اس نے اپنی تمام ہنگامہ آرائی پورے زور شور کے ساتھ شروع کر دی لیکن جب وہ آخری "فش" کے ساتھ بجھا تو یہ معلوم ہوتا ہے کہ گویا کچھ تھا ہی نہیں اس کو اس طرح سمجھئے کہ ہم کو غصہ ہمیشہ اسی طرح

آتا ہے کہ جیسے کسی ٹین کے پیپے میں بہت سے پتھر بھرنے کے بعد اس کو کسی زینہ پر لڑھکا دیا جائے جب وہ ایک قیامت خیز کھڑکھڑاہٹ کے ساتھ ہر سیڑھی پر ہنگامہ برپا کرتا ہوا اور تمام دنیا کو سر پر اٹھاتا ہوا نیچے گرے گا تو نہ وہ شور ہوگا اور نہ وہ ہنگامہ بلکہ فضائیں پُرسکون ہوں گی۔ اور اس برپا ہوکر گزر جانے والے طوفان کے بعد بس سکون ہی سکون نظر آئے گا۔ لیکن اگر ہم نے اس وقتی طوفان کے بجائے نہایت اطمینان کے ساتھ اس بات کو دل میں رکھ کر طوفان بپا کرنے کی تیاریاں شروع کر دی ہوتیں تو ہم سچ کہتے ہیں کہ یہ سکون کبھی میسر نہ آتا۔

غصہ کے متعلق ہم خود جانتے ہیں کہ یہ ایک شیطانی جوش ہے۔ اور انسان کے لیے ایک بہت بڑا عیب ہے۔ لیکن ہم غصہ کی اس قسم کو زیادہ برا سمجھتے ہیں جس کا نام حلم یعنی گھُنّاپن ہے اور خدا کا ہزار ہزار شکر ہے کہ ہم اس عیب سے پاک ہیں۔ اور ہمارا دل ہمیشہ ان ناگواریوں کے اثرات سے پاک رہتا ہے۔ بات یہ ہے کہ ہم کو جو بات بھی ناگوار ہوتی ہے۔ اس کا اثر ظاہر ہونے سے پیشتر اس غصہ کی شکل اختیار کر کے آتشبازی بن جاتا ہے۔ جو فوراً بھڑ بھڑ چھوٹنا شروع کر دیتی ہے اور اس وقت تک چھوٹتی رہتی ہے۔ جب تک غصہ کی بارود باقی رہتی ہے۔ اس کے بعد طبیعت ہلکی ہو جاتی ہے۔ دل پر کوئی بار نہیں رہتا اور بالکل یہی معلوم

ہوتا ہے کہ اولے برسا کر ابر نکل گیا۔ اور نیلا آسمان جگمگاتے ہوئے سورج یا اگر رات کا وقت ہو تو روشن تاروں کے ساتھ نکل آیا۔ اب آپ ہی بتلائیے کہ یہ غصہ اچھا یا وہ ضبط کہ دل کے گودام میں تمام ناگواریاں تمام تلخیاں اور تمام کدورتیں بھری جا رہی ہیں گویا یہی مرتے وقت اولاد کے لیے چھوڑ جائیں گے۔ ہمارا غصہ اس گھنے پن سے بہتر سہی جس کو ہم بدترین عیب سمجھتے ہیں۔ لیکن اس میں شک نہیں کہ ہے یہ بھی ایک عیب، اگر یہ عیب بھی ہم میں نہ ہوتا تو زیادہ بہتر ہوتا۔ ہم کو یہ کہنا چاہیئے کہ ہم فرشتہ ہوتے تو اچھا تھا۔ اس لیے کہ ہمارے نزدیک غصہ فطرتِ انسانی ہے اور یہ طے ہے کہ ہم انسان ہیں ہم کو تو خدا کا شکر ادا کرنا چاہیئے کہ ہم کو جو غصہ ملا ہے وہ قطعاً بے ضرر ہے اور محض نمائشی ہے اور اگر اس کو خاموشی کے ساتھ دبایا جائے تو اس سے زیادہ مہمل دنیا میں کوئی چیز ہوتی ہی نہیں۔ ہم تھوڑی دیر تک چیخیں گے، ناچیں گے کودیں گے اور خود ہی ٹھیک ہو جائیں گے۔ لیکن اگر اس آگ کو مشتعل کیا جائے تو یہ جہنم تک ترقی کر سکتی ہے اور خواہ ہم کو بعد میں پشیمان ہونا پڑے لیکن اس وقت ہم سب کچھ کر چکیں گے۔ ہم نے بارہا اپنے غصہ کے بعد صحیح الدماغ ہو کر اپنے غصہ پر تنقیدی نظر ڈالی ہے تو ہم صرف اس نتیجہ پر پہنچے ہیں کہ ہمارا غصہ بھی ایک قسم کا آسیبی خلل ہوتا ہے یا اس کو جنون کا دورہ کہیئے۔ بہرحال اس وقت ہم

مرفوع القلم ہوتے ہیں۔ اور واللہ اگر ہم اپنے آپے میں ہوتے تو غصے کو اس نامعقول حد تک کبھی نہ بڑھنے دیا کرتے کہ ہم پر پاگل خانہ سے زنجیر توڑ کر بھاگ نکلنے والے پاگل کا شبہ ہوتا اور ہم کو لوگ مرکھنے بیل کی طرح خطرناک سمجھتے لیکن کیا کریں۔ اس وقت تو ہم خدا جانے کیا ہو جاتے ہیں اور خدا جانے ہماری یہ معقولیت جو ہم میں اس وقت موجود ہے کدھر تشریف لے جاتی ہے۔ ہم نے لاکھ لاکھ چاہا کہ یہ غیر شریفانہ حرکت چھوڑ دیں اور اس درندگی سے باز آجائیں لیکن ہر مرتبہ یہی نتیجہ نکلا کہ یہ بات ہمارے بس کی نہیں ہے خدا ہی چھڑائے تو چھوٹے گی۔ ہماری کوشش سے کچھ نہیں ہو سکتا۔

آپ یہ سوال کر سکتے ہیں کہ آخر غصہ آتا ہی کیوں ہے جو اس قدر خطرناک ہو جائے؟ لیکن ہم آپ سے عرض کریں گے کہ یہ سوال بجائے اس کے کہ آپ ہم سے کریں ہمارے غصہ سے کیجئے۔ اگر ہم اس کو بلاتے ہوتے تو یقیناً اس کا جواب ہم ہی پر واجب الادا تھا لیکن جب وہ بغیر بلائے خود آموجود ہوتا ہے تو بتلائیے ہم اس کا کیا جواب دے سکتے ہیں۔ سوائے اس کے کہ وہ خود بخود آجاتا ہے۔ بیگم صاحبہ کی رائے اس معاملہ میں سب سے زیادہ معتبر بھی ہے اور مناسب بھی، وہ یہ کہتی ہیں کہ تم پر کچھ دورہ سا پڑتا ہے اور ہمارا بھی یہی خیال ہے۔

کہ غصہ ہم کو عادتاً یا فطرتاً نہیں آتا بلکہ بطور مرض کے آتا ہے جس کے لیے دعا فرمائیے کہ خداوند کریم ہم کو صحت کلی عطا فرمائے اور اس موذی مرض سے نجات دے جو ہمارے لیے خطرناک ہونے سے زیادہ دوسروں کے لیے مہلک ہے۔

غصے کے متعلق غور کرنے کے بعد ہم اس نتیجہ پر پہنچے ہیں کہ یہ موت کی طرح برحق بھی ہے اور ناگہانی بھی۔ اس کے آنے کے کچھ اسباب وعلل نہیں ہوتے بلکہ جب اس کو آنا ہوتا ہے تو موت کی طرح بہانے ڈھونڈ کر آتا ہے اور زیادہ تر خواہ مخواہ ہوا کرتا ہے۔ خود ہم نے غصہ کے بعد اکثر غصہ کی وجہ پر غور کیا ہے تو معلوم ہوا ہے کہ کچھ نہیں یوں ہی آگیا تھا۔ اور پھر جو پشیمانی ہوتی ہے۔ وہ ایک خاص قسم کی کمزوری اور بزدلی پیدا کرتی ہے جس کا نام مہذب الفاظ میں انفعال رکھا گیا ہے۔ چنانچہ اسی انفعال کی بدولت بارہا تو ہم کو بیگم صاحبہ کے آگے ناک رگڑنی پڑتی ہے۔ اور سینکڑوں مرتبہ نہ معلوم اپنے سے کتنے کمزور آدمیوں کے آگے ہاتھ جوڑنا پڑے ہیں۔ بزرگوں کے خیر ہم خورد ہی ہیں۔ ان سے معذرت خواہ ہونا تو گویا عین سعادت ہے۔ لیکن ہمارے اس غصہ کے بعد والے فدویانہ طرز عمل سے سب کو اسی نتیجہ پر پہنچنا چاہئے۔ کہ اگر ہم وقتی طور پر غصہ سے مجبور ہو کر انسانیت سے گذر جاتے

ہیں اور ..... ہو کر رہ جاتے ہیں تو اس کے بعد فوراً ہی اپنی اصلی معقولیت پر آجاتے ہیں۔ یہ نہیں کہ بس نامعقول ہوئے تو ہو کر رہ گئے

مگر ایمان کی بات یہ ہے کہ غصہ ہمارا بدترین عیب سہی بلکہ اس کو دنیا کا بدترین گناہ بھی کہہ لیجیے، لیکن اس کی بہت کچھ ذمہ داری اس شخص پر بھی عائد ہوتی ہے جس پر ہم کو غصہ آئے۔ تالی ہمیشہ دونوں ہاتھوں سے بجا کرتی ہے۔ ہم اپنے غصہ کے تنہا مجرم تو اس حالت میں ہو سکتے ہیں کہ تنہا بیٹھے ہوئے در و دیوار پر غصہ کر رہے ہوں اپنی بوٹیاں خود نوچ رہے ہوں اور ہوا سے لڑ رہے ہوں۔ لیکن یہ پاگل پن آج تک ہم سے نہیں ہوا البتہ جب کوئی غصہ کی بات کرتا ہے تو بے شک ہم آپے سے باہر ہو جاتے ہیں۔ اور اس وقت خود ہم کو اپنا ہوش نہیں ہوتا۔ مگر سوال یہ ہے کہ آخر ہم کو مشتعل ہی کیوں کیا جائے جو ہم کو غصہ آئے۔ اور اگر غصہ کی بات کر کے ہم کو غصہ کی دعوت دی گئی ہے تو پھر ہمارے مغلوب الغضب ہونے کی شکایت نہ ہونا چاہیئے۔

ایک دن یہی ذکر بیگم سے ہو رہا تھا۔ کہ "آخر تم نے ہم کو اس قدر کیوں بدمزاج مشہور کر دیا ہے؟"

کہنے لگیں کہ "آپ واقعی بہت بدمزاج ہیں خدا بچائے آپ کے غصہ سے۔"

ہم نے ملبنس کر کہا۔" اور لوگ بھی تو آخر غصہ کرتے ہیں مگر آپ لوگ

صرف ہم ہی کو کیوں نکوں بنائے ہوئے ہیں۔"

بولیں۔ "خدا نہ کرے کوئی آپ کی طرح غصہ کرے جب وقت آپ کو غصہ آتا ہے معلوم یہ ہوتا ہے کہ قیامت آگئی یا خدا نخواستہ آپ کے دشمنوں کا دماغ الٹ گیا ہے۔"

ہم نے بھی متبسم ہو کر کہا۔ "بیگم سنو! قصہ دراصل یہ ہے کہ غصہ کے سلسلے میں ہم بدنام بہت کیے گئے ہیں۔ خود ہمارے گھر والوں ہی نے ہم کو تمام دنیا میں رسوا کیا ہے ورنہ غصہ کس کے مزاج میں نہیں ہوتا۔"

کہنے لگیں۔ "آپ میں اگر غصہ نہ ہوتا تو کسی کی مجال نہیں تھی کہ آپ کو کوئی بدنام کر دیتا۔"

ہم نے کہا "فرض کر لو کہ ہم میں غصہ ہے لیکن اگر ہمارا غصہ تمام دنیا میں اچھالا نہ جاتا تو آج ہم اس قدر بدنام نہ ہوتے۔ کیا ہمارے گھر والوں کا یہ فرض نہیں ہے کہ وہ ہمارے عیب پر پردہ ڈالیں۔"

کہنے لگیں۔ "یہ تو ٹھیک ہے مگر آپ اپنے غصہ کو خود ہی کب چھپنے دیتے ہیں۔ آپ تو خود ہی وہ قیامت برپا کرتے ہیں کہ دنیا والے تو دنیا والے میرے خیال میں قبر کے مردے بھی ڈر کے مارے دہل جاتے ہوں گے۔"

ہم نے ذرا خفیف ہو کر کہا۔ "یہ تو خیر سب کہنے کی باتیں ہیں ہم تو یہ کہتے ہیں کہ اگر اس طرح سب کو بدنام کیا جائے جس طرح ہم کو ہمارے گھر والوں نے

بدنام کیا ہے تو شاید آج کوئی بھی خوش مزاج، حلیم الطبع اور نیک مرد اس دنیا کے پردے پر نہ ملے۔"

کہنے لگیں۔"آخر نسیم صاحب بھی تو ہیں۔ امین صاحب بھی تو ہیں۔ پھوپھا میاں بھی تو ہیں۔ میں نے تو کبھی کسی کا غصّہ نہیں سنا۔"

ہم نے جل کر کہا۔"بس مجھ کو یہ تقابل ہی تو برا معلوم ہوتا ہے۔ آپ کو تو تمام دنیا نیک نظر آتی ہے، آخر مجھ ہی میں تمام عیب ہیں۔ کوئی سب سے زیادہ برا ہے جس میں کیڑے پڑے ہوئے ہوں وہ میں ہوں۔ آپ ہی نے تو مجھ کو اس طرح بدنام کیا ہے۔ جب اپنی بیوی اپنی شریک رنج و غم اپنی رفیقۂ حیات ہی دشمن ہو جائے تو کسی اور کا کیا گلہ؟"

کہنے لگیں۔"بس آپ کو تو غصہ آگیا۔"

ہم نے کڑک کر کہا۔" اس کا نام غصّہ ہے؟ یہ غصّہ ہے؟؟ اس کو غصّہ کہتے ہیں؟؟؟"

ڈر کر کہنے لگیں۔"یہ اور کیا ہے۔"؟

اب ہمارے ہاتھ پیر کانپ رہے تھے۔ منہ سے گھوڑے کی طرح جھاگ نکل رہا تھا۔ کہنا چاہتے تھے کچھ اور منہ سے نکلتا تھا کچھ۔

ہم نے حلق پھاڑ کر کہا۔" آپ، آپ، آپ، تم، تم تم ہی نے مجھ کو تمام دنیا میں، تمام خاندان میں بدنام کیا ہے اگر تم بدنام نہ کرتیں تو کسی کی کیا مجال تھی

جو ایک حرف بھی مجھ کو کہتا۔"

وہ تو خیر چپ ہو کر بیٹھ رہیں لیکن ہم کو یہ محسوس ہو رہا تھا کہ گویا تمام جسم میں آگ لگی ہوئی ہے مگر ہاتھ پیر ٹھنڈے تھے اور دل چاہتا تھا کہ آج یا ہم ہی رہ جائیں یا یہ افلاطون کی خالہ بیگم صاحبہ ہی مٹیں

ہم نے تھوڑی دیر تک خاموش آگ میں جل کر کہا

گھر میں بغاوت، گھر میں دشمنی، اپنے دشمن، اپنی بیوی۔ اپنے خون کی پیاسی اپنی رفیقہ حیات، اپنی مونس و غمگسار اپنی... بیوی ہو کر یہ عداوت، لعنت ہے اس زندگی پر۔"

ہم اسی طرح پھنک رہے تھے کہ باہر کسی نے پکارا۔"شوکت"

ہم نے کڑک کر کہا۔"کون ہے؟"

جواب آیا۔"ادھر آئیے لاٹ صاحب۔

ہم اس بدتمیزی پر ایک دم جلبلا ہی تو گئے اور برق بلا کی طرح دروازے پر پہنچے۔ نسیم صاحب کھڑے مسکرا رہے تھے۔

ہم نے جاتے ہی کہا۔"یہ تہذیب سے گری ہوئی بات ہے۔"

کہنے لگے۔"تہذیب و مہذب آدمیوں کے ساتھ برتی جاتی ہے۔"

ہم نے کہا۔"میں معافی چاہتا ہوں، میں اس بے تکلفی کے لیے تیار نہیں ہوں۔"

یہ کہہ کر ابھی پیر دروازے سے واپس آرہے تھے کہ تیزی میں چارپائی کے پایہ سے ٹکرا گئے۔ معلوم ہوا کہ بھڑکتی ہوئی آگ پر کسی نے پٹرول چھڑک دیا۔ چارپائی کی شامت آگئی اور تھوڑی ہی دیر میں تین چار دھماکوں کے بعد چارپائی کا ہر حصہ علیحدہ علیحدہ پڑا ہوا تھا اور ہم غصہ کے مارے کانپ رہے تھے۔ لیکن گھر میں سناٹا چھایا ہوا تھا معلوم ہوتا تھا کہ سب کو سانپ سونگھ گیا ہے۔

دوپہر سے شام تک یہی عالم رہا لیکن شام کو یہ معلوم ہوتا تھا کہ کچھ ہوا ہی نہیں ہے۔ اور گویا ہم نے غصہ کیا ہی نہیں تھا۔ لیکن ہم نے مولوی اسمٰعیل کی کسی ریڈر میں یہ پڑھا تھا۔

"غصہ کا بالکل دور ہو جانا بھی ایک دم سے مناسب نہیں ہے۔ اس سے بزدلی پیدا ہو جاتی ہے"

لیکن بزدلی تو پیدا ہی ہو گی۔ خواہ غصہ کتنی ہی دیر میں کیوں نہ ختم ہو چنانچہ رات کو بیگم صاحبہ تو بھولی ہوئی تھیں اور ہم جو کچھ کہہ رہے تھے۔ اور جس طرح فدوی بنے ہوئے تھے۔ اس کی تفصیل اب نہ پوچھیئے۔

بہر حال اب ثابت ہو گیا کہ ہم غصہ کے معاملہ میں سوڈا واٹر کی بوتل واقع ہوئے ہیں اور ان لوگوں سے بخدا اچھے ہیں جو دل میں بات رکھ کر پشت در پشت بدلہ لیتے ہیں۔

برت

کیا مسلمان اور کیا ہندو سب خدا کے فضل سے ہمارے ایسے زیر اثر تھے کہ ہماری ایک آواز پر قصبہ کے تمام لوگ فوراً اس طرح آموجود ہوتے تھے۔ گویا سب ہمارے زر خرید غلام ہی تو ہیں۔ اور واقعی اس اثر اقتدار کے ہم مستحق بھی تھے۔ بات یہ تھی کہ تمام قصبہ میں جس کسی پر کوئی مصیبت پڑتی تھی۔ اس کی خدمت کے لیے سب سے پہلے جو آگے بڑھتا تھا۔ وہ ہم ہی تھے۔ اسی وجہ سے ہم کو ایسی ہر دلعزیزی حاصل ہوگئی تھی کہ بلا مبالغہ اگر ہم اپنے قصبہ سے اشارۃً بھی کہہ دیتے کہ دہلی کا قلعہ فتح کر لو تو وہ بغیر سمجھے بوجھے کم سے کم دہلی کے قلعہ پر ایک حملہ تو کر ہی دیتے پھر جو کچھ ہوتا دیکھا جاتا لیکن ہم نے اپنے اس اثر و اقتدار سے کبھی بھی کوئی ناجائز فائدہ نہ اٹھایا اور اپنی خدمت کبھی کسی سے نہ لی تاکہ

ہماری خدمات بے غرض ثابت ہوں اور واقعی ان بے غرض خدمات نے ہم کو اپنے قصبہ کا مہاتما گاندھی بنا دیا تھا اور ہم خود بھی اپنے کو جہاں تک اپنے قصبہ کا تعلق ہے مہاتما گاندھی سے کم نہ سمجھتے تھے بلکہ ہم کو امید تھی کہ اگر ہماری ہردلعزیزی یوں ہی ترقی کرتی رہی تو وہ دن دور نہیں۔ جب ہم رفتہ رفتہ ہندوستان بھر کے متفقہ رہنما اور نجات دہندہ سمجھے جائیں گے۔

ہم نے اخبارات میں پڑھا کہ مہاتما گاندھی نے اچھوتوں میں ہردلعزیز ہونے کے لیے اچھوتوں کو ہندوؤں کے سر پر چڑھانے کی تحریک شروع کی ہے اور اس تحریک کے لیے عام ہمدردی حاصل کرنے کو فاقہ کشی یعنی برت شروع کر دیا ہے۔ گاندھی جی کی اس ذہانت پر ہم پھڑک اٹھے۔ اور وہ راز ہماری سمجھ میں آگیا۔ جس نے گاندھی جی کو مہاتما گاندھی بنایا ہے۔ ہم نے بحیثیت اپنے قصبہ کے گاندھی ہونے کے چاہا کہ اپنے قصبہ میں بھی یہی حرکت ہم بھی کریں لیکن پھر ہم نے خود ہی سوچا کہ اس کو لوگ نقالی کہیں گے۔ لہٰذا بہت کچھ غور کرنے کے بعد ہم نے یہ فیصلہ کیا کہ ہم اسی بات کو اس طرح پیش کر سکتے ہیں کہ ہندوؤں اور مسلمانوں کے درمیان سے چھوت چھات اٹھانے کی تحریکیں شروع کریں گے اگر ہم کامیاب ہوگئے تو سبحان اللہ ہم نہ صرف اپنے قصبہ میں مشہور ہو جائیں گے بلکہ یہ شہرت تو ایسی ہوگی جو ہمارا نام قصبہ کے باہر ضلع بھر میں لے

اڑے گی اور پھر ہم اپنے کو صوبہ کے باہر تمام ہندوستان میں بھی اسی تحریک کی بدولت روشناس کرا سکتے ہیں اور اگر خدانخواستہ یہ تحریک ناکام ہوئی جس کا ایک فیصد بھی امکان نہ تھا تو بھی ہمارا برت کچھ کم شہرت کی چیز نہ ہوگا۔ بلکہ تھوڑے ہی دنوں میں ہندوستان بھر میں دو برت رکھنے والوں کی شہرت ہوگی ایک مہاتما گاندھی جو اچھوت ادھار کے لیے برت رکھے ہوں گے۔ دوسرے مہاتما ہم جو ہندوستان میں ہندوؤں اور مسلمانوں کے درمیان سے چھوت چھات ختم کرنے کے لیے برت رکھے ہوں گے بلکہ ہماری شہرت کے امکان اس لیے زیادہ تھے کہ ہماری تحریک کا تعلق مساوی طور پر ہندوؤں اور مسلمانوں دونوں سے تھا مگر گاندھی جی کی تحریک صرف ہندوؤں سے متعلق تھی۔

ہم نے اپنے کو ہندوستان گیر گاندھی بنانے کے لیے موقع کو غنیمت سمجھا اور انتہائی سنجیدگی کے ساتھ اس تجویز کے تمام نشیب و فراز پر پوری طرح غور کرنے کے بعد ہم اس نتیجہ پر پہنچے ہیں کہ یہ تحریک تو ایسی ہے کہ اگر ہم کامیاب ہو گئے تو، اور اگر ناکام ہوئے تو بہر حال دونوں صورتوں میں ہمارا مہاتما بن جانا یقینی ہے۔ لہٰذا ہم نے غور و فکر میں زیادہ وقت خراب کرنے کے بجائے یہی مناسب سمجھا کہ تمام قصبہ میں ایک جلسہ عام کا اعلان کر دیا اور طے کر لیا کہ اسی جلسہ میں ہم نہایت صفائی کے ساتھ اپنی تحریک

پیش کر دیں گے۔ اور ساتھ ہی ساتھ یہ بھی کہہ دیں گے کہ اگر ایک ہفتے کے اندر تمام قصبہ کے ہندو اور مسلمان ہم پیالہ اور ہم نوالہ نہ ہو گئے تو ہم غیر معینہ مدت کے لیے برت شروع کر دیں گے اور اس برت کی انتہا موت ہو گی۔

ہم کو یقین تھا کہ ہمارے اہلِ قصبہ ہم کو برت رکھنے کا موقع نہ دیں گے۔ اور ہماری محض اس دھمکی ہی کا یہ اثر پڑے گا کہ سب ہندو اور مسلمان ایک دستر خوان پر نظر آئیں گے لیکن ہم کو تعجب ہے کہ اوّل تو اس جلسہ ہی میں ہماری اس تجویز کی نہایت شدت سے مخالفت کی گئی اور مخالفت بھی ان لوگوں نے کی جن کے متعلق ہم کو یقین تھا کہ ہمارے ایک ادنیٰ سے اشارے پر اپنی جان تک دینے میں دریغ نہ کریں گے۔ دوسرے یہ ہوا کہ ہمارے اس جلسہ کے بعد اس ایک ہفتے کے اندر خدا جانے کتنے اور جلسے ہوئے ہوں گے جن میں ہماری تجویز کی مخالفت کی گئی اور تمام قصبہ کے ہندوؤں کو ہندوؤں نے یہ کہہ کر بہکایا کہ ہم ہندوؤں کی خوشنودی حاصل کرنے کے لیے کافروں کو مسلمانوں کے سر پر معہ جوتوں کے چڑھانا چاہتے ہیں۔

مختصر یہ کہ قصبہ کے ہندوؤں اور مسلمانوں میں جو رہا سہا اتفاق تھا وہ بھی تشریف لے گیا اور دونوں اپنی اپنی جگہ پر ہم سے خواہ مخواہ بدظن ہو کر رہ گئے مگر ہم کو معلوم تھا کہ کامیابی کے راستہ میں اس قسم کی بلکہ اس سے بھی زیادہ شدید مشکلات حائل ہوتی ہیں اور ان ہی مشکلات کو عبور کرانے والے کامیابی کی

منزل تک پہنچتے ہیں لہٰذا ہم نہایت صبر واستقلال کے ساتھ اپنی تحریک پر قائم تھے۔ البتہ یہ تقریباً بالکل طے ہوگیا تھا کہ ہم کو برت ضرور رکھنا پڑے گا۔ برت رکھنا اور بھی ضروری تھا کہ ہمارے بعض مخالفین نے عوام کو بھی یہ یقین دلا دیا تھا کہ ہم برت ورت کچھ نہ رکھیں گے۔ یہ محض ہماری دھمکی ہے لہٰذا ہم برت کے لیے بالکل تیار تھے اور ہماری مقررہ مدت یعنی ایک ہفتہ جس قدر اختتام سے نزدیک ہوتا جاتا تھا ادھر مخالفت بڑھ رہی ہے اور ادھر ہمارے برت کا ارادہ پکا ہوتا جاتا تھا۔

ہمارے بہت سے بہی خواہ مسلمان بھائیوں نے ہم کو سمجھایا کہ اس قسم کا برت شرعاً جائز نہیں بلکہ یہ بھی خودکشی کے ماتحت آتا ہے بہت سے ہندو دوستوں نے بھی یہ کہہ کر ہماری حوصلہ شکنی کی کہ گاندھی جی کی تحریک تو اس حیثیت سے جائز بھی کہی جاسکتی ہے کہ ہندو لوگ اچھوتوں کو ہندو کہتے ہیں مگر ان کے ساتھ ہندوؤں کا سا برتاؤ نہیں کرتے۔

بہر حال وہ تحریک ہندوؤں کو ملانے کی ہے مگر آپ کی تحریک دو مختلف مذاہب کو اس قدر جلد شیر وشکر کرنے کے لیے اٹھی ہے کہ اگر آپ کے ایسے ایسے سو پچاس آدمی بھی برت رکھ کر مرجائیں گے تو کچھ نہ ہوگا۔

مگر ہم کو ان باتوں کی قطعاً پرواہ نہ تھی اور ہمارا دل گواہی دے رہا تھا کہ ہمارے اہل قصبہ ہمارے برت کو ہرگز نہ دیکھ سکیں گے اور ہمارے برت

شروع کرتے ہی سب خود ہی راہ راست پر آجائیں گے۔

مختصر یہ کہ اسی تو تو، میں میں کی حالت میں وہ دن آپہنچا جب کہ ہم کو اپنا برت شروع کر دینا چاہیے تھا۔ لہٰذا ہم نے کچھ لوگوں کی موجودگی میں نہایت سچے دل سے خدا کو حاضر و ناظر جان کر آخری مرتبہ پانی پیا اور جو لوگ بیٹھے ہوئے تھے ان سے کہہ دیا کہ میرا برت مکمل ہوگا۔ میں اپنے برت میں پانی نمک یا سوڈا بھی استعمال نہ کروں گا۔ بلکہ بغیر کچھ کھائے پیئے اس وقت تک برت رکھوں گا جب تک اس قصبہ میں ہندوؤں اور مسلمانوں میں چھوت چھات کی بدرسمی مٹ نہ جائے یا میں برت کی حالت میں مر نہ جاؤں۔

ہمارے برت کرنے کی اطلاع برقی لہر کی طرح تمام قصبہ میں پھیل گئی۔ لیکن ہماری تحریک کی مخالفت مذہبی پردے میں اب بھی جاری تھی۔ لوگوں کو ہم سے ہمدردی تھی۔ اور زیادہ تعداد ان لوگوں کی تھی جو ہماری اس تحریک اور ہمارے برت کو نیک نیتی سے متعلق سمجھتے تھے لیکن باوجود اس کے راسخ الاعتقادی ان کو ایک انچ بھی ہماری طرف بڑھنے نہ دیتی تھی اور ہم کو اب بھی اس طرف سے مایوس کیا جارہا تھا مگر ہم کو یقین تھا کہ ہمارا برت بے اثر رہ ہی نہیں سکتا۔ آج نہیں تو کل یہی برت رنگ لائے گا۔ اور ہم گاندھی جی کی طرح عام تائید اور عام شہرت حاصل کر کے رہیں گے۔

برت کا پہلا دن بخیریت تمام گذر گیا لیکن رات کو بھوک، پیاس

اور تمباکو کی طلب کی وجہ سے نیند ذرا خراب آئی۔ بار بار آنکھ کھلتی تھی اور آنتیں ایک دوسرے کو کھائے جاتی تھیں مگر ہم جانتے تھے کہ دو ایک دن کی اس تکلیف کے بعد جب ہم برت کے عادی ہو جائیں گے تو یہ تمام تکالیف خود بخود جاتی رہیں گی اور بغیر تکلیفوں کو برداشت کیے ہوئے تو ظاہر ہے کہ کامیابی حاصل ہوتی نہیں۔ لہٰذا مہاتما بننے کے لیے سب کچھ گوارا تھا برت کے دوسرے دن جب ہم بیدار ہوئے تو چائے یاد آئی۔ مگر ہم نے اس کے تصور سے خیال کو ہٹا کر اپنے مہاتما ہونے کے خوش گوار خیال کو دل و دماغ پر طاری کیا لیکن موجودہ تکلیف کو دیکھتے ہوئے ہم اس نتیجے پر پہنچے کہ مہاتما بننے سے قبل ہم کو مرنا پڑے گا۔ یعنی ؎

یہ پہلی منزل ہے فنا اے رہرو راہِ بقا
آگے قسمت ہے تری اور ہمتِ مردانہ ہے

مگر پھر گاندھی جی کا خیال آیا کہ وہ بھی تو آخر انسان ہے۔ وہ بھی تو برت رکھتے ہیں۔ ان کو بھی تو ہماری ہی طرح تکلیف ہوگی اور اگر ہم کو مرنے کا ڈر ہے تو ان کو بھی تو یہی اندیشہ ہونا چاہئے۔ اپنا اور گاندھی جی کا موازنہ کرنے کے بعد ہم نے نہایت بہادری کے ساتھ اپنی بزدلی پر قابو پانا حاصل کیا۔ اور اس عالمِ نزع میں بھی اکڑ کر بیٹھ گئے۔

آج بھی بہت سے ناصح مشفق آئے اور اس طرح آئے کہ کوئی تو

نہایت ہی لاجواب معطر اور مرغن کھانا لے کر آیا تھا۔ کوئی تازہ پھل لایا تھا کوئی صاحب چائے وغیرہ لائے تھے کوئی صاحب خوشبودار خمیرہ تمباکو بھر کر حقہ لائے تھے لیکن ہم نے ان تمام امتحانات کے پرچوں کو نہایت کامیابی کے ساتھ حل کر دیا۔ اور ہمارا برت ان خطرناک آزمائشوں کے باوجود قائم بلکہ اب تو ہم کو خود بھی اپنے اوپر اعتماد ہو گیا کہ جب ایسی آزمائشوں سے صاف بچ گئے تو اب یقینی فتح ہو گی اور واقعی ان آزمائشوں کے بعد ہم نے اپنے آپ کو اور بھی زیادہ غیر متزلزل پایا۔

آج کی رات کل سے بھی زیادہ صبر آزما تھی اول تو نیند آتی ہی نہ تھی اور اگر کمزوری کی وجہ سے غنودگی طاری ہو گئی تو فوراً معدہ کی ناقابل بیان تکلیف بیدار کر دیتی تھی ۔ اور ہم کروٹیں بدلتے رہ جاتے۔ تمام گھر میں سناٹا تھا سب میٹھی نیند سو رہے تھے۔ ایک ہم ہی تھے جو اپنے تصباتی حق کو بیدار کرنے کے لیے خود ہی بنفس نفیس بیدار تھے۔ بار بار دل چاہا کہ اس رات کی تاریکی میں چپکے سے اٹھ کر نعمت خانہ میں رکھا ہوا دودھ اٹھا کر پی لیں۔ کون دیکھتا ہے۔ مگر پھر خود ہی اس چوری کے خیال پر دل ہی دل میں نفرت کا اظہار کیا پھر تھوڑی دیر کے بعد یہی خیال نہایت پختگی کے ساتھ پیدا ہوا اور پھر ہم نے اپنے برت کی روحانیت کو اس پر غالب کر دیا لیکن تیسری مرتبہ تو ہم اس قدر مغلوب ہو گئے کہ اسی ارادہ کو تکمیل تک پہنچانے کے لیے اٹھ کر بیٹھ

گئے پھر لاحول ولا قوۃ پڑھ کر لیٹ رہے اور سونے کی کوشش کرتے رہے آخر کار چوتھی مرتبہ اس خیال کے پیدا ہونے کا احساس ہم کو اس وقت ہوا جب دودھ پینے کے بعد ہم نعمت خانہ کو نہایت احتیاط سے بند کر رہے تھے۔

دودھ کوئی سیر بھر ہوگا اور وہ سب ہمارے معدہ میں پہنچ کر ایسا باعث تسکین ثابت ہوا کہ ہم فوراً نیند میں غافل ہو گئے اور صبح اس وقت آنکھ کھلی جب ہمارے چند ہمدرد ہماری عیادت کے لیے آئے ہوئے تھے اور ہم کو کمزوری کے باعث غافل سمجھ کر بیٹھے ہوئے افسوس کر رہے تھے۔ ہم کو ہوشیار دیکھ کر ایک صاحب نے کہا۔

"مولانا ہم پھر عرض کرتے ہیں کہ آپ خواہ مخواہ خودکشی کر رہے ہیں۔"

ہم نے نحیف آواز میں کہا۔ "میری موت خودکشی نہیں بلکہ شہادت کا درجہ پائے گی۔ اور میں قیامت تک اعتباری بدرہمیوں کا کشتہ کہلاؤں گا۔"

دوسرے صاحب نے فرمایا۔ "آپ نے یقیناً یہ تحریک نہایت ٹھوس اور مبارک اٹھائی ہے مگر آپ کا برت بہت قبل از وقت ہے۔"

ہم نے اپنے کو اور بھی کمزور بنا کر کہا۔

"میں اپنی قربانی سے اس تحریک کو وہ کامیابی دے دوں گا جو بغیر قربانی کے سو سال میں بھی ممکن نہ ہو گی۔"

ایک پنڈت جی کرم فرمانے فرمایا۔

"آپ برت چھوڑ کر پہلے مسلمان بھائیوں کو اس پر تیار کریں کہ وہ ان تمام باتوں کو چھوڑ دیں۔ جو چھوت چھات کا باعث ہیں۔ مثلاً گاؤ کشی وغیرہ اور اس کے بعد ہندؤں سے مطالبہ کریں کہ وہ مسلمانوں سے چھوت نہ کریں لیکن آپ تو ان تدبیروں کے بجائے برت رکھے ہوئے اور قبل از وقت جان دیے دیتے ہیں۔"

ہم نے پنڈت جی کو اشارہ سے قریب بلا کر آہستہ سے کہا۔

"میں نے اس رواداری کے پیدا کرنے کے لیے جان کی بازی لگائی ہے۔ آپ کو میرے برت کی پرواہ نہ کرنا چاہیے بلکہ مجھ کو برت رکھنے دیں۔ اور جو اصلاحات آپ کر سکتے ہیں وہ کریں۔"

آج بھی ہمارے ناصحانِ مشفق کو ناکام جانا پڑا اور اب تو ہر طرف یہی دھوم تھی کہ ہم برت رکھ کر جان دینے پر تلے ہوئے ہیں۔ تمام قصبہ کے بڑے بڑے لوگ آتے تھے۔ امکانی اثر ڈالتے ہیں اور ناکام ہو کر واپس چلے جاتے تھے۔ ادھر ہمارا یہ حال تھا کہ رات کو بلی بن کر تمام نعمت خانہ کا دودھ اور دوسری چیزیں صاف کرتے تھے اور دن کو ادھر ادھر آنکھ بچا کر کچھ ناشتہ کر لیتے تھے لیکن اس تمام آرٹ کا کمال یہ تھا کہ روز بروز اپنے کو زیادہ کمزور زیادہ خطرہ سے نزدیک اور زیادہ نازک حالت میں ثابت کرتے

تھے اور واقعی ہمارے بیس برت کا خاطر خواہ اثر ہو رہا تھا۔ ہماری شہرت اب قصبہ سے باہر تمام اطراف میں تھی۔ یہاں تک کہ ہمارے برت کے ساتویں روز اخبارات میں بھی ہماری دھوم مچ گئی۔ ہندو اخبارات نے ہماری شدید ترین مخالفت شروع کر دی مسلم اخبارات میں ہم کو یہ کہہ کر بے وقوف بنانا شروع کر دیا کہ ہم نے ہندوؤں کا احتراز اور اجتناب دیکھتے ہوئے بھی یہ عزم کیوں اور کس امید پر کیا ہے۔

بہر حال ہمارے ہر طرف چرچے ہونے لگے اور دور دور سے لوگ ہماری زیارت کو آنے لگے۔ یہاں تک کہ بعض انگریزی اخبارات نے تو اپنے نمائندے بھی ہمارا بیان حاصل کرنے کو ہمارے پاس بھیجے اور بعض اخبارات کے نمائندے ہماری تصویریں کھینچ کر لے گئے جو انگریزی اخبارات میں بھی شائع ہوئیں اور بھی انہیں سے مسخ شدہ قلمی تصاویر اردو اور ہندی اخبارات میں شائع ہوئیں۔ اور اب ہمارے پاس تمام اطراف ہند سے بڑے بڑے مدبروں اور بڑے بڑے سیاستدانوں کے خطوط آنے لگے۔ جن میں سے ہمارے مخالفین بھی تھے اور ہمارے موافقین بھی یہاں تک۔ کہ ہمارے برت کو سولھواں دن ہو گیا۔

بلی کو لاگو سمجھ کر پہلے تو نعمت خانہ کو مقفل کیا گیا لیکن جب اس طرح بھی کام نہ چلا اور دودھ کے علاوہ دوسری اشیاء خوردنی غائب ہونے

لگیں تو یہ ترکیب ہونے لگی کہ تمام کھانے پینے کی چیزوں کو چھینکے پر ٹانگا جاتا تھا لیکن بعد میں ثابت ہوا کہ بلی تو خواہ مخواہ بدنام ہے۔ یہ تو کچھ آسیبی خلل معلوم ہوتا ہے کہ چھینکا زمین سے بہت اونچا چھت میں معلق ٹنگا ہوتا ہے اور اس پر رکھی ہوئی چیزیں غائب ہیں۔ حد تو یہ ہے۔ دودھ بالائی، گوشت، حلوہ، مٹھائی وغیرہ کے علاوہ انڈے تک غائب ہو جاتے ہیں۔ معلوم نہیں زمین کھا جاتی ہے یا آسمان نگل جاتا ہے پھر لطف یہ کہ جب حلوہ میں زہریلی چیزیں ملادی جاتی ہیں تو وہ حلوا چھوا بھی نہیں جاتا۔ آخر کار سب نے یہ طے کیا کہ ان تمام کھانے پینے کی چیزوں کو باورچی خانے کے پلنگ کے پاس رکھا جائے۔ اور باورچی بندوق لے کر رات بھر بنا پڑا رہے۔ جب چور آئے تو وہ اس کو زندہ پکڑ لے یا بندوق کا نشانہ بنا دے۔ بہر حال کسی طرح کی تو یہ روز روز کی پریشانی ختم ہو۔

جس روز یہ رزولیوشن متفقہ طور پر منظور ہوا ہے اور تمام کھانے پینے کی چیزیں مسلح باورچی کے پہرہ میں رکھی گئی ہیں۔ اس دن ہم کو خود اپنی طرف سے نا امیدی ہو گئی اور ہم نے طے کر لیا کہ یا تو اب ہمارا برت خطرہ میں ہے۔ ورنہ ہم خود خطرے سے نہ نکل سکیں گے۔ جس رات کے انتظار میں تمام دن برت رکھا کرتے تھے۔ وہ رات خود ہمارے گھر والوں نے اس قدر خوفناک اور ہمت شکن بنا دی تھی مگر خدا کی قدرت دیکھئے کہ نصف شب

کی خواب آور خنک ہوا نے باورچی صاحب کو مع بندوق کے واقعی سلا دیا اور ہم کو موقع مل گیا کہ ہم آسانی کے ساتھ پڈنگ، حلوہ اور کباب وغیرہ سے روزہ افطار کر لیں۔ چنانچہ ہم نہایت احتیاط کے ساتھ باورچی کے پلنگ کے نیچے گئے اور اپنا کام تقریباً تکمیل تک پہنچا ہی دیا تھا کہ خدا جانے کس طرح پلیٹ ہاتھ سے چھوٹ گئی اور اسی کے ساتھ باورچی نے بندوق کا گھوڑا بھی دبا دیا۔ اب ہمارے منہ میں کباب کیا تھے گویا سانپ کے منہ میں چھچھوندر تھی کہ نہ اگلا جائے نہ نگلا جائے۔

دوسرے دن صبح تڑکے ہی ہم اپنے قصبہ سے روانہ ہو کر لکھنؤ پہنچ گئے۔ اور اب اس خوف سے اخبار نہیں دیکھتے کہ خدا جانے کس جدید تحریک کے سلسلہ میں برت رکھنے کو دل چاہے۔

اصلاحِ سخن

برادر محترم مولانا ارشد تھانوی کی ہمیشہ سے یہ عادت ہے کہ ان کو ڈاک آنے کے وقت تک قبض رہتا ہے اور جہاں ڈاک آئی بس وہ تازہ اخبارات ایک ہاتھ میں اور لوٹا دوسرے ہاتھ میں لیے ہوئے نہایت تیزی کے ساتھ رفع حاجت کے لیے تشریف لے جاتے ہیں جہاں نہایت اطمینان کے ساتھ تازہ ترین خبریں پڑھتے ہیں اور لگے ہاتھوں قبض کی شکایت بھی رفع ہو جاتی ہے۔ ہم میں خدانخواستہ یہ بدبودار ادبی ذوق تو نہیں ہے لیکن پھر بھی ارشد صاحب کے سگے چچازاد بھائی ہیں۔ کچھ نہ کچھ اثر تو آنا ہی چاہیے۔ چنانچہ ہمارے دماغ میں کچھ ایسی ادبی خشکی پیدا ہو گئی ہے کہ چاہے دن بھر اسی ادبیت کے پیچھے مرے ہوں لیکن رات کو

بغیر کوئی نہ کوئی کتاب پڑھے نیند ہی نہیں آتی۔ اور اگر یہ عادت نہ ہو تو سمجھ لیجیے کہ ہم کو لکھنے سے اتنی فرصت نہیں ملتی کہ کبھی کچھ پڑھیں بھی۔ قصّہ مختصر یہ کہ مزاج شناس بیوی بھی بڑی نعمت ہوتی ہے۔ چنانچہ رات کو جب ہم بستر پر جاتے ہیں تو چارپائی سے ملی ہوئی ایک معصوم میز پر چند نئے رسالے کچھ تازہ اخبارات اور ایک آدھ کتاب رکھی ہوئی ضرور ملتی ہے اور ہم ان میں سے کسی نہ کسی کو لے کر تھوڑی دیر جھک ضرور مارتے ہیں۔ اور پھر کتاب نہایت آرام کے ساتھ ہمارے سینے پر لیٹ کر سو جاتی ہے۔

ایک رات بستر پر لیٹ کر جو ہم نے اس شیرِ خوار میز پر ہاتھ مارا تو جو چیز ہمارے ہاتھ لگی تھی اس کا نام "اصلاحِ سخن" تھا۔ بس کچھ نہ پوچھیے اس اصلاحِ سخن نے ہماری نیند ایسی حرام کی بس عین اس وقت جب مرغِ سحر "ککڑوں کوں" فرما رہا تھا۔ یہ اصلاحِ سخن صاحبہ "تمت بالخیر" پر پہنچیں اور ہم کو اس کا علم ہوا کہ ہم نے تمام رات شبِ فرقت کی طرح آنکھوں ہی آنکھوں میں کاٹی ہے بلکہ اب تو ہماری یہ رائے ہو گئی ہے کہ ہجراں نصیب عشاق جو شبِ فرقت کے تصور سے بھی تھرا اٹھتے ہیں ایک نسخہ اصلاحِ سخن کا منگا کر استعمال کریں۔ انشاءاللہ تیر بہدف ہوگا۔ آزمائش شرط ہے۔ ع

پھر نہ کہنا ہمیں خبر نہ ہوئی

قیمت ۳ے، محصول ڈاک بذمہ خریدار، پیکنگ مفت۔ ملنے کا پتہ:۔ منشی عبد العلی صاحب شوقؔ سندیلوی، سندیلہ ضلع ہردوئی۔ یو۔پی۔ یہ کتاب دراصل سندیلہ کے ایک شاعر منشی عبد العلی صاحب شوقؔ کا "سولہ غزلی" دیوان ہے لیکن نیرنگِ خیال کے سائز سے بھی زیادہ بڑے سائز کے ۲۲۴ صفحات پر مشتمل ہے۔ آپ کہیں گے کہ یہ سولہ غزلیں کس قلم سے لکھی گئی ہیں جو ۲۲۴ صفحات کی ضرورت پیش آئی۔

اس کا جواب یہ ہے کہ مصنف نے کچھ ایسی ترکیب رکھی ہے کہ اپنے دیوان کے ساتھ ساتھ ہندوستان بھر کے تمام مشاہیر شعرا کے دواوین اس مجموعہ میں پیش کر دیئے ہیں۔ لیکن ہمارے اس جواب سے اصل سوال بجائے حل ہونے کے اور بھی زیادہ پیچیدہ ہو گیا۔ لہٰذا اس کو سردست یہیں پر چھوڑیئے۔ پہلے یہ سمجھنے کی کوشش کیجئے کہ منشی عبد العلی صاحب شوقؔ کون بزرگ ہیں؟۔ ان کا حدود اربعہ کیا ہے؟ اور ہم کیوں آج ان کا تعارف کرانے پر ادھار کھائے بیٹھے ہیں۔

قصہ دراصل یہ ہے کہ آپ کا نام عبد العلی، منشی یوں ہی اعزازی طور پر لکھ دیا جاتا ہے۔ جیسے لوگ ہم کو حضرت یا مولانا لکھ دیتے ہیں۔ حالانکہ ہم ان دونوں میں سے کوئی نہیں۔ ہاں تو عبد العلی ہوا نام! ور منشی

ہوئی اعزازی ڈگری۔ باقی رہ گیا شوق تو وہ آپ کا تخلص ہے۔ سندیلہ ضلع ہردوائی کے رہنے والے ہیں۔ لہٰذا اب آپ ہوئے مکمل طور پر، منشی عبد العلی شوق سندیلوی۔ چنانچہ آپ کے اسم مبارک کے ساتھ تخلص مبارک بھی ہے۔ لہٰذا ظاہر ہے کہ آپ شاعر بھی ضرور ہوں گے چنانچہ آپ واقعی شاعر ہیں۔ اور ایسے شاعر کہ اپنی قسم کے ہندوستان میں پہلے بلکہ اگر تحقیق کی جائے تو شاید دنیا میں یکتا نکلیں۔ اس یکتائی کا سبب آپ کی شاگردی کے قصہ سے پیدا ہوتا ہے۔ چنانچہ شاگردی کے معاملہ میں روایات ذرا مختلف ہیں کہ آپ کس کس کے شاگرد ہیں بلکہ ہم تو یہ سمجھتے ہیں کہ اس معاملے میں آپ لمیٹڈ کمپنی قسم کے شاعر ہیں اور آپ کے استاد ہونے کا شرف ہندوستان کے تقریباً تمام مشاہیر شعراء میں بحصہ مساوی تقسیم ہو گیا ہے تاکہ کسی کو اس معاملہ میں شکایت نہ رہے اور سب اپنی اپنی جگہ پر اس شاگرد رشید سے خوش رہیں۔

اللہ جانے اور اللہ کا حبیب جانے کہ ان حضرت کو شاعری کے ساتھ ساتھ یہ کیا سوجھی تھی کہ تمام ہندوستان کے شاعروں کو استاد بنا بیٹھے اور سندیلا میں بیٹھ کر ہندوستان بھر کے شعراء سے اصلاح لینا شروع کر دی ایک غزل کہتے تھے۔ اس کی پچاسوں نقلیں کرتے تھے اور ایک ایک نقل تمام شعرائے ہند کے نام روانہ کر دی جاتی تھی اور ہر جگہ

سے اصلاح شدہ غزل آپ کے پاس گھر بیٹھے مل جاتی تھی۔ اب معلوم نہیں کہ آپ کس کی اصلاح کو مانتے تھے اور کس کی اصلاح کو رد کر دیتے تھے۔

بہرحال واقعہ یہ ہے کہ آپ کی ہر غزل اس طرح تمام شعراء کو بھیجی جاتی تھی جس طرح ایڈیٹر صاحب نیرنگ خیال اپنا رسالہ شائع ہوتے ہی تمام خریداروں کو بھیجتے ہوں گے۔ یہ سلسلہ عرصہ تک قائم رہا اور یہ ہرجائی شاگرد خدا معلوم کن کن استادوں سے شرف تلمذ حاصل کرتا رہا۔ چنانچہ اصلاح سخن کے دیکھنے سے تو یہ معلوم ہوتا ہے کہ اگر آپ کے استادوں کے نام گنائے جائیں یعنی آپ کا نام معہ استاد کے نام لکھا جائے تو اس طرح لکھا جائے گا۔

منشی عبدالعلی صاحب شوقؔ تلمذ جناب احسنؔ، آرزوؔ، آزادؔ، اطہرؔ، افضلؔ، اقبالؔ۔ اکبرؔ۔ باقیؔ، بزمؔ۔ بیباکؔ۔ بیخودؔ۔ بیخود نمبر ۲، ثاقبؔ، جگرؔ، جلیلؔ، دلؔ، دلگیرؔ، رنجورؔ، ریاضؔ، زہریؔ۔ سائلؔ۔ شادؔ، شہرتؔ، شفقؔ، شوقؔ، شوکتؔ، صفیؔ۔ عشقؔ، عزیزؔ۔ فانیؔ، کوثرؔ، مائلؔ، محشرؔ۔ مضطرؔ، موجزؔ، ناطقؔ، نظمؔ۔ وحشتؔ، یکتاؔ۔

آپ اس فہرست کو دیکھ کر مبالغہ سمجھیں گے لیکن ہم آپ کو یقین دلاتے ہیں کہ استادوں کی یہ فوج ظفر موج واقعی ایک ہی شاگرد کی ہے اور شوقؔ صاحب سندیلوی نے اپنی سولہ غزلوں پر ان سب صاحبان سے اصلاح لی ہے۔ اب آپ اندازہ کیجئے کہ جب ایک شاگرد کے بیالیس ۴۲

چالیس اوپر دو استاد ہوں گے۔ وہ کیا چیز ہوگا۔ اور اس کو اگر ہم اپنی قسم کا پہلا شاعر کہہ رہے ہیں تو کیا غلط کہہ رہے ہیں۔

اب ان بیالیس استادوں کے تنہا شاگرد صاحب کی سعادت مندی ملاحظہ فرمایئے کہ آپ نے ان تمام اصلاحوں کو اپنے تمام استادوں کے نام سے یکجا کر کے شائع فرما دیا ہے۔ اور اسی شرارت کا نام "اصلاحِ سخن" ہے جس کے متعلق ہم نے یہ سب کچھ لکھا ہے، خیر اصلاحوں تک تو کوئی بعض نقص نہ تھا۔ لیکن اس ہونہار شاگرد نے یہ حرکت بھی کی ہے کہ تمام اساتذہ کے خطوط بھی شائع کر دیئے ہیں۔ ظاہر ہے کہ وہ خطوط بغرض اشاعت نہ تھے اور ان کو استاد شاگرد کے درمیان راز و نیاز کی حیثیت حاصل تھی۔ لہٰذا ان میں سے بعض کو شاگردی کی مٹھائی کا مطالبہ ہے۔ بعض میں سندیلہ کے مشہور معروف لڈوؤں کے لیے حسنِ طلب ہے۔ بعض میں نجی طور پر کچھ حق استادی بصورت سیم و زر طلب کیا گیا ہے۔ بعض میں کچھ گھریلو باتیں ہیں۔

نیاز صاحب اپنے سعادت مند شاگرد کو مشورہ دیا ہے کہ پہلے کہیں دل لگاؤ پھر شاعری کرو۔ شوق قدوائی مرحوم اس پر مصر ہیں کہ استاد اور شاگرد کا تخلص ایک نہ ہونا چاہیئے۔ تخلص بدلو۔

مختصر یہ کہ سب نے ان حضرت کو اپنا سمجھ کر جو کچھ لکھا ہے بے تکلفی سے لکھا ہے لیکن آپ نے یہ حرکت فرمائی کہ تمام خطوط کو لفظ بہ لفظ اصلاحِ

سخن میں شائع کر دیا ہے۔

ظاہر ہے کہ اس شرارت سے کتاب کی دلچسپیوں کو ان استادوں کے دل سے پوچھئے جنہوں نے شاگردی کی مٹھائی یا سندیلہ کے لڈو مانگے تھے۔ واللہ اگر ہم ہوتے تو ان شاگردِ رشید پر بغیر مقدمہ چلائے نہ مانتے۔

اس کتاب کا وہ حصّہ بس دیکھنے سے تعلق رکھتا ہے جس میں تمام استادوں کی اصلاحیں اس طرح جمع کی گئی ہیں کہ ہر شعر اور ہر شعر کا ہر مصرعہ کسی مجلس قانون ساز کا سوال معلوم ہوتا ہے جس پر تمام ممبران ایوان کی علیحدہ علیحدہ ترمیمات پیش کی گئی ہیں۔ اتفاق کرنے والے ووٹ ایک طرف ہیں اور اختلاف کرنے والے ایک طرف۔ لیکن یہ سمجھ میں نہیں آتا کہ رزدلیوشن منظور ہوا یا نامنظور۔ دل تو چاہتا تھا کہ تمام اصلاحیں پیش کر دیں لیکن ڈر یہ ہے کہ "نیرنگ خیال" کا بقرعید نمبر نکل رہا ہے۔ اس ایک مضمون کی وجہ سے باقی تمام مضامین کی قربانی ہو جائے گی۔ لیکن ایک غزل تو ہم ضرور پیش کریں گے ملاحظہ فرمائیے۔ اصل مطلع یہ ہے۔

ے یہ دل کے بہلنے کی تدبیر نظر آئی
بند آنکھ جو کی تیری تصویر نظر آئی

اب اصلاحوں کی ریل پیل ملاحظہ ہو۔ اور ساتھ ہی ساتھ یہ بھی غور فرمائیے کہ یہ غریب مطلع کتنی قلابازیاں کھاتا ہے۔ سب سے پہلی اصلاح جناب

آرزو لکھنوی کی ہے۔ آپ فرماتے ہیں۔

"بہ تغیر اصلاح کوئی خرابی نہیں بلکہ ایک منزل ہے ترقی فکر کی۔"

اس نثر کے بعد پہلے مصرعہ کو یوں ادور ہال کیا۔ ع

کیا سو کے پلٹ جاتے تقدیر نظر آئی

اور دوسرا مصرعہ بجنسہ رہنے دیا۔ خیام العصر حضرت ریاضؔ خیرآبادی

نے پہلے اس مصرعہ کو اس طرح بنایا۔ ع

کیا دل کے بہلنے کی تدبیر نظر آئی

اور دوسرا مصرعہ بجنسہ رہنے دیا۔ لیکن لسان الہند مولانا عزیزؔ

لکھنوی کی رائے میں پہلا مصرعہ صحیح تھا اور دوسرے میں ترمیم کی ضرورت تھی۔

چنانچہ دوسرے مصرعہ کی یہ شکل بنائی گئی۔ ع

جب غور کیا تیری تصویر نظر آئی

مولانا نیاز فتحپوری نے پہلے مصرعہ میں ایسی اصلاح فرمائی کہ نقطہ بہ نقطہ

حضرت ریاض سے اس بڑھاپے میں توارد ہو کر رہ گیا۔

حضرت اطہرؔ و جگرؔ نے مطلع پر ص بنا دیا یعنی پاس کر کے لائسنس

دے دیا کہ حسب طرح چاہو اس مطلع کو کام میں لاؤ بالکل جائز ہے۔ اور حضرات بیخودؔ

دہلوی، بیخودؔ موہانی، جلیلؔ، دلؔ، شوقؔ، صفیؔ، فانیؔ اور وحشتؔ نے بغیر کسی

ترمیم کے یوں ہی چھوڑ دیا یہ بھی ایک قسم کا ص ہی سمجھئے۔

دوسرا شعر ملاحظہ ہو۔

بیمار نے دنیا سے جانے میں بھی عجلت کی
جب آپ کے آنے میں تاخیر نظر آئی!

اس شعر کو جناب ریاض اور جناب جلیل تو صرف بنا کر پاس کر دیا اور حضرت بیخود دہلوی، قتیل، فانی اور صفی نے بغیر کسی کاٹ چھانٹ کے یونہی رہنے دیا باقی سب نے پہلے مصرعہ کے خلاف صدائے احتجاج بلند کی۔ چنانچہ حضرت آرزو نے اس مصرعہ کو یوں کر دیا۔ ع

بیمار نے دنیا سے جانے میں بھی جلدی کی

عجلت اور جلدی میں بظاہر کوئی فرق نہیں لیکن وہی خالص اور نخالص اردو کا فرق ہے۔ جس کا حضرت آرزو سوتے جاگتے ہر وقت خیال رکھتے ہیں۔ اور خواب بھی خالص اردو میں دیکھتے ہیں۔

خیر یہ تو ہمارا دخل در معقولات تھا۔ اب دیکھئے کہ یہی مضمون کیا رنگ بدلتا ہے اور پھر وہی رہتا ہے جو بغیر رنگ بدلے تھا۔ یعنی شوق صاحب کا اصل مصرعہ۔

اطہر صاحب فرماتے ہیں۔

بیمار نے دنیا سے تعجیل کی جانے میں

معلوم ہوا کہ عجلت اور جلدی کے علاوہ ایک ہم معنی لفظ اور بھی رہ گیا

تھا۔ جس کو تعجیل کہتے ہیں۔

حضرت بیخود موہانی فرماتے ہیں۔ ع

بیمار نے جلدی کی دنیا سے گزرنے کی

دل صاحب نے ترمیم فرمائی۔ ع

بیمار نے دنیا سے اٹھ جانے میں عجلت کی

شوق صاحب نے "بھی" کو حشو قرار دیتے ہوئے مصرعہ فرمایا۔ ع

"بیمار کو دنیا سے جانے کی ہوئی عجلت

نیاز صاحب نے اصلاح دی۔ ع

بیمار محبت نے جانے میں بھی عجلت کی

یہ اچھا کیا "بیمار محبت" کہہ کر بیماری کی نوعیت پر روشنی ڈالی ورنہ یہ سمجھا تا کہ خدا جانے دق کا مرض تھا یا سینے کا۔

حضرت وحشت نے فرمایا۔ ع

کچھ جلد قضا پہنچی جو میں نے بھی عجلت کی

واقعی آپ خود ہی بیمار ہیں تو یہ گول گول باتیں کہنے سے کیا فائدہ؟ صاف کیوں نہیں کہتے کہ جو کچھ کیا میں نے کیا۔

تیسرا شعر ہے۔

یہ جذب تصور ہے یہ عالم محویت ہر چیز میں تیری ہی تصویر نظر آئی

اس شعر کو حضرات جگرؔ، عزیزؔ اور وحشتؔ نے توص بنا کر بالکل ہی صحیح قرار دیا۔ لیکن حضرات بیخودؔ دہلوی۔ جلیلؔ، ریاضؔ، شوقؔ اور صفیؔ نے نہ غلط کہا نہ سہی۔ بس یونہی ٹال دیا۔ یعنی بغیر کسی ترمیم کے رہنے دیا۔

اب مندرجہ اصلاحیں ملاحظہ ہوں۔

آرزوؔ صاحب نے دوسرا مصرعہ تو بجنسہٖ رہنے دیا۔ لیکن پہلے مصرعہ کو اس طرح بنایا۔ ع

اک محوِ تصور نے دیکھا بھی تو کیا دیکھا

اطہرؔ صاحب نے بھی اسی مصرعہ کی مرمت کی۔ ع

یہ عالمِ محویت یہ جذبِ تصور ہے

بیخودؔ صاحب موہانی نے پورا شعر ہی گویا پھر سے فرما دیا جو یہ ہے۔

اک مستِ تصور کی اللہ رے محویت

ہر چیز جسے تیری تصویر نظر آئی ہے

دلؔ صاحب نے پہلے مصرعہ کو اس طرح فٹ کیا۔

یہ لطیف تصور ہے یا عالمِ محویت

اب دیکھئے کہ "جذب" اور "لطف" کے رد و بدل سے کتنا عظیم الشان انقلاب واقع ہوا ہے۔

فانیؔ صاحب فرماتے ہیں۔ ع

یہ جوشِ تصور ہے یہ عالم محویت

اب گویا تین لفظ ایک جگہ کے امیدوار ہیں، جذب، لطف، اور جوش۔ تینوں اس مصرعہ میں آ نہیں سکتے۔ ورنہ اچھے تینوں ہیں۔

نیازؔ صاحب کی رائے میں "آئی" سے آتی ہے کا مفہوم پیدا ہو جاتا ہے۔ لہٰذا انہوں نے یہ غلط فہمی دور کرنے کے لیے پورا شعر ہی بدل دیا۔

کیا جذب تصور تھا کیا عالم محویت
ہر شئے میں مجھے تیری تصویر نظر آئی

اگر شعر اچھا ہے تو اس کی داد شوقؔ صاحب کو نہیں، نیازؔ صاحب کو دیجیے۔

پانچواں شعر ہے۔ ؎

اے جوشِ بہارِ گل اب خیر نہیں اپنی
دم بھر جو پلک جھپکی زنجیر نظر آئی

اس شعر کے متعلق آرزوؔ صاحب فرماتے ہیں کہ "یا یہ شعر اچھا نہیں ہے یا میرا دماغ اس کی خوبی سمجھنے سے قاصر ہے۔"

میری رائے میں اس کا فیصلہ ناظرین پر چھوڑ دیا جائے لیکن ــــ ناظرین سے ہماری استدعا ہے کہ لگی لپٹی سے کام نہ لیجیے گا بلکہ خدا لگتی کہیے گا۔

اطہر صاحب نے دوسرے مصرعہ کو ٹھیک اور پہلے کو غلط قرار دے کر اصلاح دی ہے۔ ع

اس فصل بہاری میں اب خیر نہیں اپنی

اس سے کم از کم یہ معلوم ہو گیا کہ امسال والی فصل بہاری کا ذکر ہے۔

حضرت بیخود نے بھی پہلے مصرعہ کو ٹھیک کیا ہے۔ ع

اب خیر کہاں اپنی اے موجۂ بوئے گل

"موجۂ بوئے گل" سے البتہ معلوم ہوتا ہے کہ کسی قابل آدمی کا شعر ہے۔

دل صاحب نے پورے شعر کو درست فرمایا ہے۔

یہ جوش بہار گل پیغام ہے زنداں کا

ہر موج ہوا ہم کو زنجیر نظر آئی

دیکھئے شوق صاحب نے زنجیر تو کہہ دی زنداں کہنا ہی بھول گئے۔

حضرت ریاض نے بھی پورے شعر پر اصلاح دی ہے۔

گھر آکے یہ ہاتھ آیا زنداں مرے ساتھ آیا

جو موج ہوا آئی زنجیر نظر آئی

سبحان اللہ، مذاق نہیں واقعی سبحان اللہ۔

مولانا عزیزؔ نے دوسرے مصرعہ میں ترمیم کی ہے۔

"دم بھر کو پلک جھپکی زنجیر نظر آئی"

صرف "کو" اور "جو" کا فرق ہے۔

فانیؔ صاحب نے پہلے مصرعہ میں ایک لفظ بدلا ہے۔

"اے موجِ بہارِ گل اب خیر نہیں اپنی"

نیازؔ صاحب نے پورا شعر صحیح فرمایا۔

وہ جوشِ بہارِ گل ہے یاد مجھے اب تک
جب آنکھ ذرا جھپکی زنجیر نظر آئی

اور پھر یہ فرمایا ہے کہ "آئی" سے "آتی ہے" کا مفہوم پیدا ہوتا ہے۔ لہٰذا ردوبدل ضروری تھا۔

حضرات جگرؔ، عزیزؔ اور وحشت نے ص بنا کر پاسپورٹ دے دیا۔ اور حضرات بیخودؔ دہلوی، جلیلؔ، شوقؔ اور صفیؔ نے بغرض بنائے یونہی رہنے دیا ہے۔

پانچواں شعر ملاحظہ ہو

کہتی ہے یہ راز ان کی آنکھوں کی پریشانی
بیمار کی حالت کچھ تغییر نظر آئی!

اس شعر کو صرف اطہرؔ صاحب نے عرض کی سند عطا کی ہے اور

حضرات بیخود دہلوی، صفی اور وحشت نے بغیر کسی ترمیم کے رہنے دیا۔
باقی سب نے کچھ نہ کچھ قطع و برید کی ہے۔

آرزو صاحب پہلے مصرعہ کو یوں بدلتے ہیں۔ ع
"کہتا ہے یہ راز اُن کی آنکھوں کا بدل جانا"

تانیث کو تذکیر کس خوبی سے بنایا ہے۔

جناب بیخود موہانی نے پورا شعر یوں سجایا ہے۔
"کہتے ہیں یہ اک اک سے قاتل کے ترے تیور
مجروح کی حالت کچھ تغییر نظر آئی"

ع کہتی ہے یہ راز ان کی آنکھوں کی نمی سب سے

بغیر "نمی" کہے ہوئے "سب سے" اس مصرعہ میں لانا ممکن نہ تھا۔ استاد السلطان حضرت جلیل نے پہلے مصرعہ کو یوں کاٹا۔

کہتی ہے یہ در پردہ ان آنکھوں کی حیرانی

آنکھ کے لیے "پردہ" بھی آگیا اور "ان" گویا گھاتے میں۔

دل صاحب پہلا مصرع فرماتے ہیں۔ ع

ظاہر ہے یہ راز ان کے انداز پریشاں سے

نہ آنکھیں رہیں گی نہ ان کا جھگڑا ہوگا۔ انداز سب سے اچھ
ریاض صاحب نے کہا۔ "تغیر" اچھا نہیں ہوتا اور پورے شعر کو

بقرعید کا بکرا بنا ڈالا لیکن اس کے بدلے یہ شعر دے دیا تاکہ حساب برابر رہے۔

صدقے ترے ابرو کے جنبش ترے ابرو کی

شوقؔ صاحب نے بھی پورے شعر کو "بسم اللہ اللہ اکبر" کہہ کر دوسرا شعر فرما دیا۔

کیا غمزدہ حالت ہے آج اس نے نہ پہچانا
ایسی مری حالت میں تغیر نظر آئی

عزیزؔ صاحب نے پہلے مصرع کو بدل دیا۔ ع

"کہتی ہے یہ راز ان کے چہرے کی پریشانی"

لیجئے چہرہ ایک ایسا لفظ ہے جس میں دونوں آنکھیں بھی شامل ہیں۔ فانیؔ صاحب نے خدا جانے اس شعر کو کیا کیا لیکن ایک دوسرا شعر لکھ دیا تاکہ جگہ خالی نہ رہے

"کچھ رازِ ندامت اب ان آنکھوں سے کھلتا ہے
بیمار کی حالت کیا تغیر نظر آئی"

نیازؔ صاحب نے صاف صاف کہہ دیا کہ بھائی "یہ شعر نکال ڈالیے، حالت تغیر نہیں ہوتی۔ بلکہ حالت میں تغیر ہوتا ہے۔" بات یہ بھی پتہ ہے۔

آخری شعر ہے ؎

"ظالم کی محبت تھی تمہید جفا یعنے
وہ خواب تھا جس کی اب تعبیر نظر آئی"

اس شعر کو حضرات جگرؔ، ریاضؔ اور عزیزؔ نے توص بنا کر پاس کر دیا۔ باقی حضرات بیخودؔ دہلوی، جناب جلیلؔ، حضرتِ دلؔ، جناب شوقؔ، مولانا صفیؔ حضرت فانیؔ اور جناب وحشتؔ نے محتاج اصلاح نہ سمجھ کر یوں ہی رہنے دیا ہے لیکن چند اصلاحیں بھی ہیں جن کا ہونا برحق تھا۔

آرزوؔ صاحب نے دوسرا مصرعہ بدل دیا۔

"الٹی" کہنا ضروری تھا۔ اس لیے کہ اکثر تعبیر بھی وہی نظر آتی ہے جو خواب نظر آتا ہے۔

جناب اطہرؔ نے پہلے مصرعہ میں ردّ و بدل کیا ہے۔ ع

الفت تھی ستمگر کی تمہید جفا یعنی

"محبت" و "الفت" اور "ظالم" و "ستمگر" کا فرق کچھ معمولی نہیں ہوتا۔

جناب بےخودؔ موہانی پہلے مصرعہ کو یوں فرماتے ہیں۔ ع

ظالم کی وفائیں تھیں تمہید جفا یعنی

واقعی بغیر وفا کے جفا کا ذکر کرنا بے جوڑ سی بات ہے۔

نیاز صاحب نے صرف ایک لفظ دوسرے مصرعہ میں بدلا ہے۔

وہ خواب تھا جس کی یہ تعبیر نظر آئی

مقطع ہے ؎

اے شوقؔ مبارک ہو پوچھا تو مزاج اس نے

ضبطِ غم الفت کی تاثیر نظر آئی

اس مقطع کو حضرات اطہرؔ، جگرؔ، ریاضؔ اور عزیزؔ نے ص بنا کر بالکل صحیح قرار دیا ہے۔ اور بیخودؔ دہلوی جلیلؔ، شوقؔ، صفیؔ، فانیؔ اور وحشتؔ نے نہ ص بنایا ہے نہ کاٹا ہے۔ اس کا مطلب یہ کہ غنیمت سمجھا ہے۔ اصلاحوں میں حضرات آرزوؔ، بیخودؔ موہانی اور دلؔ نے پہلا مصرعہ اس طرح بدلا ہے۔ کہ تینوں ہم آواز ہو گئے ہیں یعنی تینوں میں اصلاحی توارد واقع ہو گیا ہے۔ ان تینوں شعرائے کرام کا مصرعہ ہے۔ ع

اے شوق مبارک ہو پوچھا تو مزاج اس نے

جناب ریاضؔ نے پورا شعر بدل دیا ہے۔ پہلے مصرعہ میں تو آپ بھی توارد سے بال بال بچے لیکن دوسرے مصرعہ میں صرف ایک لفظ کے تغیر نے شعر کو آسمان تک پہنچا دیا ہے ؎

"اے شوق مبارک ہو پوچھا تو تجھے اس نے

بارے غم الفت کی تاثیر نظر آئی

غزل بھی ختم اور اصلاحیں بھی ختم، اب حضرت ریاضؔ اور حضرت اطہرؔ کا دریائے سخاوت جوش میں آتا ہے. چنانچہ اطہرؔ صاحب اپنے شاگرد رشید کو وہ شعر اپنی جیب خاص سے مرحمت فرماتے ہیں۔

ہر پھول میں تیری ہی بُو مجھ کو دکھائی دی
ہر شمع میں تیری ہی تنویر نظر آئی

"اس شعر میں "بُو دکھائی دینے" پر ہم کو ذرا شک ہے۔ لہٰذا ہم یہ ترمیم پیش کرتے ہیں۔ ع

ہر پھول میں تیری ہی بُو مجھ کو سنگھائی دی

اب آپ کہیں گے۔ "سنگھائی دی" غلط ہے تو میں پوچھتا ہوں کہ بُو دکھائی دینا کب صحیح ہے؟ خیر یہ ایک دوسرا مبحث ہے۔

دوسرا شعر ملاحظہ ہو۔

محشر کدۂ دل میں انبوہ تمنا سے
میدان قیامت کی تصویر نظر آئی

معلوم نہیں اس شعر کو دینے کی ضرورت ہی کیا تھی؟

حضرت ریاضؔ نے بھی دو اشعار بطور تبرک اپنے ہونہار شاگرد کو دیئے ہیں کہ لیتا جا۔ بال بچوں کے کام آئیں گے۔ ایک شعر تو وہی جس کی ہم اوپر کہیں صحیح معنوں میں تعریف کر آئے ہیں۔ ؎

گھر آ کے یہ ہاتھ آیا زنداں مرے ساتھ آیا
جو موجِ ہوا آئی زنجیر نظر آئی

اور دوسرا شعر بھی اوپر درج کر چکے ہیں۔

صدقے تیرے ابرو کے جنبش ترے ابرو کی
چلتی ہوئی ہم کو تو شمشیر نظر آئی

اب سب کچھ لکھنے کے بعد ہم پوچھتے ہیں کہ "آخر پھر کیا ہوا؟" یعنی اصل غزل ہم کس کو سمجھیں لیکن یہ سوال ایسا ہے جس کا جواب خود شوق صاحب کو بھی معلوم نہیں ورنہ وہ یہ کتاب اصلاح سخن ہی کیوں شائع کرتے اور صرف یہی ایک غزل نہیں پندرہ غزلیں اور اسی طرح فٹ بال بن چکی ہیں جو اصلاحِ سخن میں موجود ہیں۔

اب بتلائیے کہ ایسی کتاب سونے کے وقت اگر کوئی دیکھے تو اس کو نیند آئے گی یا اڑ جائے گی؟

آبنوس کا کُندا

ہز مجسٹی سلطان مالدیپ کے برادر اور عزیز، ہمارے کسی ناگفتہ بہ رشتہ سے برادر مکرم پرنس محمد اسمٰعیل صاحب جن کا وطنی اسم مبارک تمغلو ہے۔ اپنے وطن یعنی مالدیپ سے ہمارے لیے از راہِ عنایت آبنوس کی ایک قیمتی چھڑی لائے تھے اور ہم نے اس تحفہ کو اس لیے اور بھی بیش قیمت سمجھا تھا کہ اوّل تو یہ ایک دوردراز مقام سے بحرِ ہند میں تیرتا ہوا اور لنکا سے گزرتا ہوا ہم تک پہنچا تھا۔ دوسرے اسی کی مدد سے ہم اپنے دشمنوں کو اگر دل چاہے تو اس دنیا سے عدم آباد تک پہنچا سکتے ہیں لیکن اس چھڑی کی وہ تاریخی اہمیت جس کے باعث آج اس کے حالات قلمبند کیے جارہے ہیں کچھ اور ہی ہے۔

قصہ اصل میں یہ ہے ــــ کہ یہ خاکسار جسمانی حیثیت سے باوجود شوکت تھانوی ہونے کے مولانا شوکت علی کی بالکل ضد واقع ہوا ہے بلکہ یہ سمجھ لیجئے کہ اس سلسلے میں گاندھی جی سے بہت کچھ توارد ہو گیا ہے۔ یعنی یہ سمجھئے کہ ہندوستان کے عظیم الشان انسان مہاتما گاندھی کی طرح یہ خاکسار بھی "نام بڑے اور درشن تھوڑے" کا ڈھائی پسلی والا بسمہ ہے لیکن آپ کو حیرت ہوگی کہ باوجود اس نزاکت کے حسن غائب ہے۔ حالانکہ مشہور یہ ہے کہ ع

خدا جب حسن دیتا ہے نزاکت آ ہی جاتی ہے

لیکن یہاں تو بس آخر الذکر چیز مل کر رہ گئی اور اول الذکر خصوصیت خدا جانے کدھر غائب ہو گئی، بہر حال خدا کا شکر ہے کہ اندھے، کانے لنگڑے یا لولے قسم کے انسان ہم نہیں ہیں۔ البتہ ہندوستانی ضرور ہیں۔ اور ہم کو بھی سفید فام صاحب لوگ ناک بھوں چڑھا کر "کالا آدمی" کہہ سکتے ہیں۔ یہ اور بات ہے کہ ہندوستان میں ہمارے اس رنگ کو گندمی یا اور کچھ کہا جائے۔

آپ کہیں گے کہ تذکرہ تو تھا چھڑی کا اور قصہ بیان کرنے لگے خود اپنا اور اپنی صورت کا لیکن آپ مطمئن رہیں کہ ہم نے یہ تذکرہ بھی بے سلسلہ شروع نہیں کیا ہے بلکہ ہماری شکل وصورت کو بھی اس آبنوسی چھڑی

سے گہرا تعلق ہے اور وہ تعلق بس اس طرح پیدا ہوا ہے کہ برادر مکرم پرنس محمد اسمٰعیل صاحب نے اس چھڑی کو ہمارے نام سے منسوب کرنے کے وقت غالباً ہماری جسمانی حیثیت کو نظر انداز کر دیا تھا اور ان کے ذہن میں شوکت تھانوی کے بجائے مولانا شوکت علی خادم کعبہ کا خیال تھا۔ یہی وجہ ہے کہ آج ہماری یہ چھڑی ہمارے دست ناز پیرا میں بالکل ایسی ہی معلوم ہوتی ہے کہ گویا دروپدی کے سوئمبر میں مچھلی کی آنکھ پھوڑنے کے لیے وہی تاریخی بہرام گھاٹ کے نیٹھے سے بنی ہوئی "الفربہ والطویل" کمان لادے ہوئے چلے جا رہے ہیں یا اپنی جسمانی حالت درست کرنے کے لیے ایک عدد مگدر ہلانے کی مشق شروع کی ہے یا اقتصادی کمزوری کے باعث روئی دھنکنے کا پیشہ اختیار کر لیا ہے۔

مختصر یہ کہ ایسی قسم کی مضحکہ خیز مناسبتوں کے علاوہ اس قیمتی چھڑی کو ہم سے یا ہم کو اس محترم و معظم چھڑی سے کوئی مناسبت ہی نہ تھی لیکن اس میں نہ تو اس چھڑی کا قصور تھا نہ خود ہمارا، اور نہ دراصل پرنس صاحب کی کوئی غلطی تھی بلکہ یہ تو اتفاق ہے اور اگر اس قسم کے دلچسپ واقعات پیش نہ آتے رہے تو ہم مزاحیہ نگاروں کو اس قسم کا سامان کہاں ملے۔ اس چھڑی کے تاریخی واقعات میں سے صرف ایک واقعہ بطور نمونہ عرض ہے کہ ایک مرتبہ ہم کو ایک صاحب کی دعوت پر معہ اس چھڑی کے سینما جانا

پڑا اور عین اس وقت جب کہ ہم اپنے المکلف الخدمت سے سینما کے باہر کھڑے تھے اور ہماری چھڑی شاہانہ وقار کے ساتھ خاموش تھی۔ یکایک نہایت نرم ونازک، شیریں اور لوچدار، مترنم اور جنت گوش آواز آئی۔

"آبنوس کا کندا۔"

ہم نے فوراً پیچھے مڑ کر دیکھا تو تین چار کالج کی لڑکیاں کھڑی ہوئی ہم کو اور ہماری چھڑی کو دیکھ دیکھ کر ہنس رہی تھیں لیکن ہمارے مڑتے ہی، ان میں سے ہر ایک نے اپنے حسین چہرے دوسری طرف پھیر لیے لیکن اب ان کی ہنسی باریک اور سُریلے قہقہوں میں تبدیل ہو چکی تھی اور معلوم یہی ہو رہا تھا کہ کئی خوب صورت صراحیوں سے بیک وقت شراب انڈیلی جا رہی ہے۔

بہر حال ہم نے ان کی تفریح میں مخل ہونا مناسب نہ سمجھا اور ان کی طرف سے رُخ بدل کر کھڑے ہو گئے اب وہ آزادی کے ساتھ ہم پر یا ہماری چھڑی پر تبصرہ کر رہی تھیں لیکن یہ نہیں معلوم کہ کیا اس لیے کہ الفاظ سمجھ میں نہیں آتے تھے۔ البتہ انکی ہنسی بدستور جاری تھی اور وہ یقیناً ہمارے یا ہماری چھڑی کے متعلق تھی۔ بہر حال ہم خوش تھے کہ اس انجمن ناز میں اگر خود ہم نہیں ہیں تو اس مبارک چھڑی کی بدولت ہمارا ذکر تو ہو ہی رہا ہے۔ ع

ذکر میرا مجھ سے بہتر ہے کہ اس محفل میں ہے۔

یکایک یہ الفاظ پھر ہوا میں ناچتے ہوئے ہمارے کانوں میں آئے۔

"واقعی آبنوس کا کُندا ہے۔"

اور اس کے بعد قہقہوں کے رقص سے بھی معلوم ہو رہا تھا کہ یہ لڑکیاں ارے ہنسی کے بل کھائی جا رہی ہیں۔ اب ہم کو بھی یہ غور کرنے کی ضرورت محسوس ہوئی کہ آخر اس قدر ہنسی کی کون سی بات ہے اور ہم اس نتیجہ پر پہنچے کہ یہ بدتمیز لڑکیاں اس حقیقت سے بے خبر ہیں کہ جس چیز پر وہ ہنس رہی ہیں، وہ دراصل ہے کیا، ہمارا ارادہ ہوا کہ ہم اس حسین جھرمٹ میں پہنچ کر آبنوس کے موضوع پر ایک تقریر کر دیں۔ تاکہ یہ لڑکیاں اپنی بے محل ہنسی پر منفعل ہوں لیکن عین اسی موقع پر سینما کی گھنٹی بجی اور ہم کو اس طرف سے خالی الذہن ہو کر تاریک ہال میں مناسب سی نشست کی تلاش میں مصروف ہو جانا پڑا اور اس کے بعد تماشہ دیکھنے میں محو ہو گئے۔

"پردیسی پریتم" میں مس مادھوری کا معصوم ملکوتی حسن ہم کو دنیا و مافیہا سے بے خبر کئے ہوئے تھا اور ہم اس ڈرامہ کی دنیا میں کھوئے ہوئے تھے۔ جس میں مادھوری لیلیٰ بنی ہوئی خدا جانے کون سا جادو کر رہی تھی کہ یکایک اسکرین پر انٹرول کا مُرغا نمودار ہوا اور یکایک تمام ہال برقی روشنی سے جگمگا اٹھا۔ اب جو ہم نے دیکھا تو وہی شریر لڑکیاں بالکل ہمارے مقابل بیٹھی ہوئی ہیں۔ ہم نے چاہا کہ ان سے اپنے کو چھپا لیں کہ عین اسی وقت نہایت باریک اور تیز آواز سے کسی نے کہا۔

"ارے آبنوس کا کندا"

اور ہم اس آواز پر چونک پڑے وہ لڑکیاں بے تحاشا ہنس رہی تھیں اگر سچ پوچھیئے تو اب ہم کو ان کی ہنسی پر غصہ آرہا تھا۔ اگر وہ خود ہم پر ہنستیں تو چنداں مضائقہ نہ تھا لیکن ستم تو یہ تھا کہ وہ ہماری بے زبان معزز چھڑی کا مضحکہ اڑا رہی تھیں ہم غصہ میں پیچ و تاب کھا کر قہر آلود نگاہوں سے ان بدتمیزیوں کو دیکھ رہے تھے کہ ان میں سے ایک لڑکی نے اپنی ایک سہیلی کو جھنجھوڑ کر ہنسی سے نزع کے عالم میں مبتلا ہوتے ہوئے کہا۔

"دیکھو تو سہی وہ آبنوس کا کندا ادھر ہی دیکھ رہا ہے۔"

ہمارا چہرہ غصہ سے تمتما اٹھا اور ادھر ان لڑکیوں کو دیکھ کر وہ ہنستی ہنستی ہے کہ خدا کی پناہ مجبوراً ہم کو المکلف الذمت کی توجہ اس طرف مبذول کرنا پڑی کہ "دیکھتے ہو ان بدتمیزوں کو کس طرح مجھ پر اور میری چھڑی پر ہنس رہی ہیں۔"

انہوں نے نہایت سادگی سے کہا۔ "بڑی دیدہ دلیر ہیں ان کو تو اس اس لٹھ سے سہم جانا چاہیئے تھا۔"

ہم کچھ اور کہنا ہی چاہتے تھے کہ آواز آئی۔ "آبنوس کا کندہ غصہ کر رہا ہے۔"

اب ان چھوکریوں کی بدتمیزی ہمارے ضبط سے باہر تھی۔ لہٰذا ہم

غصہ میں اٹھے اور ہال کے باہر جانے لگے کہ ان لونڈیوں نے پھر کہا۔

"ارے آبنوس کا کندا تو چلا"

اور یہ کہہ کر وہ قہقہہ بلند کیا کہ بہت سے اور لوگوں کو بھی ہماری طرف متوجہ ہو جانا پڑا اور ادھر ہم بھی مجبور ہو گئے کہ ان گستاخ لڑکیوں کو قرار واقعی جھڑک دیں۔ لہٰذا ہم نے غصہ سے بے قابو ہو کر ہکلاتے ہوئے کہا۔

کہا۔ "ب... بے... بت... بد... تمیزی... کی حد ہوتی ہے... میں بھی... کوئی... مس... مسخرا ہوں...."

وہ لڑکیاں تو خیر میری اس ڈانٹ سے سہم کر دبک رہیں۔ لیکن کسی بدتمیز چار آنے والے درجہ کے تھرڈ کلاس آدمی نے کہا۔

"کاٹے گا؟"

اور اسی کے ساتھ تمام ہال تالیوں سے اور قہقہوں سے گونج اٹھا۔ اور ادھر ہم بھی بڑی دھواں دھار تقریر کر رہے تھے لیکن ہم کو خود نہیں معلوم کہ کیا اس لیے کہ خود اپنی آواز سنائی نہ دیتی تھی۔ ہم نے اس شور و غل کو دبانے کے لیے اپنی چھڑی اٹھا کر "آرڈر، آرڈر" کے نعرے بلند کیے مگر اب ہر طرف سے ہمارے علاوہ ہماری چھڑی کی شان میں گستاخیاں شروع ہو چکی تھیں اور "آبنوس کا کندا" بہرام گھاٹ کا لٹھا، گنوار کا لٹھ، وغیرہ وغیرہ نہیں معلوم کیا کیا خطابات اس عالی خاندان چھڑی کو دیئے

جا رہے تھے۔

بہر حال ہم نے اس موقع پر اس طوفان بے تمیزی سے نکل جانا مناسب سمجھا۔ چنانچہ جس وقت ہم ہال سے باہر جانے کے لئے جھپٹے، تمام ہال تالیوں سے گونج رہا تھا۔ اور قہقہوں سے ایک شور محشر برپا تھا۔ اس کے علاوہ جو آخری آواز ہم نے سُنی وہ یہ تھی۔

"آبنوس کا کُندا"

بہر حال وہ چھڑی ہمارے پاس محفوظ ہے اور اس وقت تک گھر ہی میں رہے گی جب تک کہ تمام دنیا اس کی اہمیت کو نہ سمجھ لے۔

درگاہ شریف

نئی سڑک کی زد میں ہمارا مکان بھی تھا۔ اور ہمارے پڑوسی میر صاحب کا مکان بھی۔ لیکن میر صاحب کے لیے یہ صدمہ کچھ ایسا روح فرسا واقع ہوا تھا کہ ان کے ساتھ ہمدردی کرنے میں ہم کو اپنے مکان کا غم کرنے کی مہلت ہی نہ ملتی۔ وہ دن رات اپنے مکان کے تاراج ہونے کے تصور سے کچھ اس طرح رویا کرتے تھے کہ گویا ان کا جوان بیٹا تپ دق میں مبتلا ہے او آج ہی کل کے اندر داغ جدائی دینے والا ہے۔ ہم نے ان کو لاکھ لاکھ سمجھا کہ اس مکان کا کچھ نہ کچھ معاوضہ میونسپلٹی ضرور دے گی۔ مگر وہ اپنے باپ دادا کی اس نشانی کو کسی معاوضہ پر مٹانے کے لیے تیار نہ تھے۔ ہم نے ان سے یہ بھی کہا کہ دیکھو میر صاحب ہم اور تم دونوں ایک ہی کشتی پر ہیں مگر

ں کا جواب بھی یہی دے دیتے تھے کہ تمہارا ایک نہیں تو دوسرا مکان ہے مگر میرا
ہی ایک جھونپڑا ہے اور جب یہ بھی مسمار کر دیا جائے گا تو میرے لیے
ر رکھنے کو بھی کہیں جگہ نہ ہوگی

مختصر یہ کہ میر صاحب کا مکان تو خیر کچھ دنوں کے بعد گرنے والا
تھا لیکن وہ ابھی سے مرے جاتے تھے اور روز بروز ان کی حالت ابتر ہی ہوتی
جاتی تھی۔

اگر ہم یہ کہہ دیں کہ ہم کو اپنے غریب خانہ کی فکر نہ تھی تو جھوٹ ہوگا۔
لبتہ یہ واقعہ ضرور ہوگا کہ ہم بجائے رونے اور جان کھونے کے ان تدابیر کے
ور میں محو رہتے تھے۔ جس سے نئی سڑک کا راستہ تبدیل ہو سکے اور ہمارا مکان
بچ جائے لیکن میر صاحب کا یہ کہنا بھی سچ تھا کہ جب سڑک کا نقشہ بن چکا۔
بن کر منظور ہو چکا اور تمام کارروائی ہو چکی تو ایسی صورت میں ہماری
ونسی تدبیر کارگر ہو سکتی ہے مگر ہم اس معاملہ میں نپولین قسم کے انسان
اقع ہوئے ہیں کہ آخر وقت تک تھکتے نہیں اور کسی ناممکن بات کو ناممکن
ہیں سمجھتے اور میر صاحب قبلہ ان لوگوں میں سے تھے جو مصیبت کے تصور
سے کچھ ایسے مصیبت کے مارے ہو جاتے تھے کہ ان کو دیکھ کر ترس آئے۔

بہرحال ہم اپنے کام یعنی تدابیر کے غور و فکر میں مصروف تھے اور وہ
اپنے کام یعنی رونے اور مرنے میں محو تھے۔ آخر ایک روز بالکل الہامی طریقہ

پر ہمارے ذہن میں ایک ایسا خیال آیا کہ ہم اچھل پڑے پھر اس پر غور کر
اور پھر اچھل پڑے پھر اس کے گرد و پیش پر نظر ڈالی اور پھر مارے خوشی
کے اچھل پڑے۔ سچ تو یہ ہے کہ اس وقت ہم کو اپنے تدبر اور دانش مندی
پر جس قدر مسرت ہو رہی تھی اسی قدر اس بات پر افسوس تھا کہ حکومت کے
ارباب حل و عقد میں ہمارے ایسے عالی دماغ شامل کیوں نہیں کئے جاتے

بہر حال ہم اس وقت مارے خوشی کے مرے جا رہے تھے اور اس بات
پر ہم کو انتہائی قلق ہو رہا تھا کہ ہماری اس ذہانت کا قدر دان کوئی نہیں ہے
ورنہ یہ بات تو ایسی ہمارے ذہن میں آئی تھی کہ ہم کو موتیوں میں تولا جاتا۔

ہم انتہائی جوش کے ساتھ اپنے گھر سے نکل کر میر صاحب کے دروازے
پر پہنچے اور ڈپٹ کر ان کو آواز دی۔ "میر صاحب" انہوں نے اپنی مری ہوئی
آواز میں جواب دیا تو ہم نے پھر نہایت شان کے ساتھ ان کو پکار کر کہا۔

"جلدی آؤ۔"

میر صاحب اپنی دلائی میں لپٹے ہوئے گھر سے برآمد ہوئے اور
ہم نے ان کا بازو پکڑ کر اپنی طرف گھسیٹا اور گھسیٹتے ہوئے اپنے گھر لے
آئے۔ میر صاحب کو گھر کے اندر لا کر اپنے پاس بٹھایا اور ان کے کان کے
قریب منہ لا کر کہا۔ "وہ مارا۔"

میر صاحب کچھ سہم سے گئے مگر ہم نے ان کو محبت کے جوش میں پھر

جھنجھوڑ کر کہا۔ "وہ مارا میر وہ مارا۔"

اب میر صاحب کچھ ایسی نظروں سے ہم کو دیکھ رہے تھے کہ گویا ہماری دماغی کیفیت کو سمجھنے کی کوشش کر رہے ہیں اور غالباً ان کے ذہن میں یہی خیال ہوگا کہ مکان کے انتہائی غم نے ہمارے دماغ پر اثر کیا ہے۔ بہر حال ہم نے ان کو زیادہ پریشان نہ ہونے دیا۔ اور ان کے قریب بیٹھ کر رازدارانہ طریقہ پر کہنا شروع کیا۔

"دیکھو میر صاحب وہ لاجواب ترکیب سوجھی ہے کہ ہمارا مکان بھی بچ جائے اور تمہارا مکان بھی بلکہ ساتھ تمہاری موجودہ بیروزگاری کا بھی خاتمہ ہو جائے۔"

اب میر صاحب کی آنکھوں میں مسرت کی چمک پیدا ہوئی اور انہوں نے بھی بدحواس ہو کر منہ کھول دیا۔

ہم نے کہا۔ "میر صاحب واللہ تم ہی داد دے سکتے ہو۔ ایسی لاجواب ترکیب ہیں خود نہیں سمجھ سکتا کہ کس طرح میرے ذہن میں آگئی مجھ کو...."

میر صاحب نے بات کاٹ کر کہا۔ "ارے یار کچھ کہو گے بھی یا یوں ہی اپنی شان میں قصیدہ کہہ کہہ کر ترساتے رہو گے۔"

ہم نے ایک ادا کے ساتھ کہا۔ "اگر ایسی جلدی ہے تو جانے دو۔"

میر صاحب نے ناز برداری نہ طریقہ پر چمکار کر کہا۔ "اچھا نہیں تم کہو۔"

ہم نے پھر کہنا شروع کیا۔

"مجھ کو سخت حیرت ہے کہ یہ ترکیب کس طرح میرے ذہن میں آئی۔ یعنی بیک وقت مکان بھی بچ گیا اور تمہاری مستقل آمدنی کا بھی انتظام ہو گیا تم کو خدا کی قسم ذرا غور کرو۔ تم مجھ کو بے وقوف سمجھتے تھے لیکن آج خدا کو یہ منظور تھا کہ تم ہمیشہ ہمیشہ کے لیے میرے معتقد ہو جاؤ اور تم ہی پر کیا منحصر ہے۔"

میر صاحب نے بے صبری سے خوشامد کرتے ہوئے کہا۔

اچھا اب وہ بات بتادو کیوں اس قدر مشتاق بنائے ہو"؟

ہم نے جوش میں ان کے زانو پر ہاتھ مارتے ہوئے کہا۔

"واللہ تم بزرگ ترین انسان بن جاؤ گے اور نہ صرف تمہارا گھر تاراج ہونے سے بچ جائے گا بلکہ تمہارے صدقے میں ہم بھی بچ جائیں گے اور اگر اللہ نے چاہا تو تمہارے گھر پر سونا برسے گا سونا۔"

اب میر صاحب مارے اشتیاق کے نزع کے عالم میں تھے۔ آخر کار ان سے ضبط نہ ہو سکا۔ اور ہاتھ جوڑ کر کہنے لگے۔

"اچھا اب خدا کے واسطے بتادو۔"

ہم نے ان کا شانہ ہلا کر کہا۔" دیکھو میر صاحب یہ بات بس میرے اور تمہارے درمیان رہے ورنہ۔"

میر صاحب نے سنجیدگی سے کہا۔

"اجی توبہ کرو میں تو اپنے فرشتوں کو بھی خبر نہ ہونے دوں گا۔"

ہم نے دھیمی آواز سے رازدارانہ طریقے پر کہا

"وہ تمہارا شجرہ محفوظ ہے نا؟"

میر صاحب نے کہا۔ "ہاں، ہاں محفوظ ہے۔ لاؤں؟"

ہم نے کہا۔ "اور وہ کتبہ جو تمہارے جد امجد کو کسی جہاد کے موقع پر ملا تھا۔"

میر صاحب نے کہا۔ "وہ جس پر کسی بزرگ کی تاریخ وفات کندہ ہے؟ ہاں وہ بھی رکھا ہے۔"

ہم نے میر صاحب کو ہونہار فرزند کی طرح گلے سے لگاتے ہوئے کہا۔

"بس تو پھر فتح ہے۔"

میر صاحب نے پھر بے صبری سے کہا۔

"ارے یار فتح تو ہے مگر ہم کو بھی تو بتاؤ۔"

ہم نے ان کے منھ کے قریب اپنا منھ لاکر چپکے چپکے کہنا شروع کیا۔

"دیکھو میر صاحب بس یہی ایک ترکیب ہے کہ تم جلد سے جلد رازدارانہ طریقے پر اپنے مکان کے اس سرے پر جو زمین خالی پڑی ہے ایک قبر زمین کے نیچے ہی نیچے اس طرح تیار کرو کہ وہ مکان کی دیوار سے ملی ہوئی ہو لیکن اس قبر کی تیاری میں یہ کمال دکھانا ہے کہ وہ کم سے کم دو سو برس کی پرانی معلوم ہو اور

اس قبر میں وہ کتبہ اس طرح رکھ دیا جائے کہ جیسے ہی اس مقام پر پھاڑو ا چلے بس وہ کتبہ نکل آئے پھر دیکھئے کیا ہوتا ہے؟"

میر صاحب نے خوشی کے مارے بیوقوف ہو کر کہا۔

"واقعی فتح ہے، وہ مارا۔ مگر یار ۔"

ہم نے ان کو چپ کرتے ہوئے کہا۔"بس اگر مگر کچھ نہیں۔ جو میں کہہ رہا ہوں وہ کرد، اس کے بعد میرا ذمہ۔"

میر صاحب نے ہمارے آگے سر تسلیم خم کر کے کہا۔

"جو تم کہو گے انشاء اللہ وہی ہو گا۔"

ہم نے کہا۔"ابھی پوری بات تو تم نے سنی نہیں وا د طلب تجویز تو یہ ہے کہ اس قبر سے ایک اندرونی راستہ تمہارے گھر میں ایسا آتا ہو کہ جس وقت قبر پر پھاڑو ا چلے فوراً ہی عطر کی خوشبو کا بھپکا اور لوبان کا دھواں نکل پڑے"۔

میر صاحب نے اپنی حماقت کا ثبوت دیتے ہوئے پوچھا۔

"اس سے مطلب؟"

ہم نے کہا۔"اس سے مطلب یہ کہ تم ہو گھامڑ۔ ارے گدھے کہیں کے۔ لاحول ولاقوۃ۔ بھئی میر صاحب معاف کرنا غلطی سے تمہاری شان میں ایسی گستاخی ہو گئی۔"

میر صاحب نے نہایت ظرافت سے مسکراتے ہوئے فرمایا۔"کوئی

حرج ہنیں، کوئی حرج نہیں۔"

ہم نے کہا۔"ارے بھائی اس کا مقصد یہ ہے کہ جب وہ کتبہ نکلے گا اور اس کے بعد یہ معجزہ ہوگا تو یہ ثابت ہو جائے گا کہ یہ کسی پہنچے ہوئے اللہ والے بزرگ کا مزار ہے۔ اس کے بعد بس ہمارا کام یہی رہ جاتا ہے کہ ان بزرگ کو آپ کے شجرہ میں ثابت کر دیں اور یہ کوئی ایسا مشکل کام ہنیں ہے۔

میر صاحب نے اپنے کو مجوزہ دادا جان کا پوتا ثابت کرنے کے انداز سے کہا۔"ارے بھائی مشکل کیا، وہ تو بہت آسان ہے۔ میرے دادا جان مرحوم نے اس کتبہ کو اس لیے تو اٹھالیا تھا کہ اس کا نام ہمارے شجرہ میں ایک نام سے ملتا جلتا تھا۔ لہٰذا دادا جان کو یہ شبہ ہوا کہ یہ کتبہ ہمارے ہی عزیز بزرگ کا ہے۔"

ہم نے کہا۔"جی ہاں اسی مناسبت کی بنا پر تو یہ سب کھیل کھیلا جارہا ہے۔ اب آپ خدا کا نام لے کر اس زمین دوز مزار کی تیاریاں کیجئے اور اپنے گھر کی طرف سے اطمینان رکھیے۔"

اس مسئلہ کے طے ہو جانے کے بعد میر صاحب کو قطعی اطمینان ہو گیا۔ بلکہ اس وقت بھی ان کے چہرے پر کوئی پریشانی کی علامت پیدا نہ ہوئی۔ جب ان کے دولت خانے کے قریب والے مکانات پر پھاوڑا چل رہا تھا اور ان مکانات کی اینٹ سے اینٹ بج رہی تھی۔ میر صاحب اپنے

مکان کا سامان نہایت اطمینان کے ساتھ ایک دوسرے مکان میں منتقل کر رہے تھے اور ہم بھی بظاہر اپنے مدت کے ساتھ کے مکان کو رخصت کر رہے تھے لیکن چونکہ ہمارے اور میر صاحب کے تمام انتظامات مکمل تھے لہٰذا دونوں کو نہ صرف اطمینان تھا بلکہ میونسپلٹی کی حماقت شعاری پر دل ہی دل میں ہنسی آ رہی تھی۔

آخر کار وہ دن آ پہنچا۔ جب میر صاحب کے دولت خانے کو میدان بن جانا چاہیے تھا میر صاحب کے مکان سے ملے ہوئے مکان پر پھاوڑا چلنے لگا اور ہم اپنے پڑوسی میر صاحب کی اس خانہ ویرانی کا تماشہ دیکھنے کے لیے موقع پر پہنچ گئے لیکن میر صاحب موجود نہ تھے۔ غالباً وہ اس لیے ٹل آئے ہوں گے۔ کہ خود اپنی آنکھوں سے یہ بربادی نہ دیکھ سکتے تھے۔ ہمارے دیکھتے ہی دیکھتے وہ کھنڈر بالکل میدان بنا دیا گیا اور اب میر صاحب کے دولت کد کی باری تھی مگر خدا کی قدرت کے قربان جائیے کہ جیسے ہی بیلدار نے دو تین پھاوڑے چلائے ایک کتبہ اس کے پھاوڑے میں آ گیا اور ساتھ نہایت تیز عطر کی لپیٹ کے ساتھ لوبان کی خوشبو ہوا میں پھیل گئی۔ بیلدار صاحب تو دو تین قدم پیچھے ہٹ گئے لیکن دوسرے کاریگروں مزدوروں اور تماشائیوں کو اس طرف متوجہ ہونا پڑا۔ عطر کی خوشبو ہوا میں برابر پھیل رہی تھی اور لوبان کی خوشبو سے تمام محلہ مہکا ہوا تھا۔ یہاں تک کہ سب اد

صاحب بھی موقع پر آ گئے اور تمام واقعہ کی تفصیل معلوم کرنے کے بعد اس متبرک کتبہ کو نہایت احترام اور عقیدت کے ساتھ اٹھا لیا اس پر جو حروف کندہ تھے۔ ان کو بغور دیکھا گیا۔ تو بہ مشکل تمام یہ عبارت پڑھی گئی۔

"دلبر شاہ۔ در جنگ بھبھوکا شہید شد ۱۰۳۹ھ"

اس کتبہ سے یہ ثابت ہو گیا کہ یہ کسی شہید مرحوم کا مزار ہے اور اب لوگ جوق در جوق مزار شریف کی زیارت کے لیے آنا شروع ہو گئے۔ خود ہم نے جب یہ دیکھا کہ زائرین کی تعداد کثیر کے علاوہ میونسپل انجینئر ایگزیکٹیو افیسر اور ایک آدھ ممبران میونسپل بورڈ موقع پر موجود ہیں تو نہایت عقیدت سے کتبہ کو بوسہ دیا اور وہاں کی خاک چاٹنے اور آنکھوں میں لگانے کے بعد گویا عوام کی توجہ اس پر مبذول کی جو کچھ ہم کر رہے ہیں۔ وہی سب کو کرنا چاہیئے۔ چنانچہ ابھی ہم بیٹھنے بھی نہ پائے تھے کہ معتقدین کا جم غفیر اسی عقیدت کے لیے کود پڑا اور اس کے بعد پھر کیا تھا معجزات شروع ہو گئے۔ والدین اپنے بچوں کو خاک پاک چٹوانے کے لیے لانے لگے۔ بوڑھے بینائی حاصل کرنے کو مزار شریف کی خاک آنکھوں سے لگانے لگے۔ مفلوج اپنے اعضائے معطل کی صحت یابی کے لیے وہاں موجود ہو گئے۔ ڈولیوں پر ڈولیاں یکوں پر یکے، تانگوں پر تانگے، گاڑیوں پر گاڑیاں اور موٹروں پر موٹر آنا شروع

ہو گئے اور تھوڑی ہی دیر میں اچھا خاصا میلہ لگ گیا۔ یہاں تک مزار شریف کی حفاظت کے لیے اہل محلہ کو متوجہ ہونا پڑا اور ہماری تحریک پر مجاوری کی خدمات جناب میر صاحب قبلہ کے سپرد کی گئیں جو نہایت باقاعدگی کے کتبہ کو بوسہ دلواتے چڑھاوے وصول کرتے اور نذرانے قبول کرتے رہے اب سب سے پہلے کام یہ کیا گیا کہ اس مزار کو باقاعدہ درگاہ کی صورت میں خود میونسپلٹی کے خرچ سے تعمیر کرایا گیا اور چونکہ اب اس کے حائل ہو جانے سے سڑک کو آگے نہیں بڑھایا جاسکتا تھا۔ لہٰذا اسی جگہ سے سڑک اس طرح موڑ دی گئی کہ میر صاحب کا اور ہمارا مکان نہ صرف بچ گیا بلکہ لب سڑک بھی ہو گیا۔

ہم نے تاریخ دانی سے یہ ثابت کر دیا تھا کہ اسی مقام پر ۱۰۳۹ھ میں جنگ بھبھوکا ہوئی تھی جس میں بہت سے بزرگان دین کے علاوہ حضرت دلبر شاہ قدس سرہٗ کی شہادت بھی واقع ہوئی تھی اور چونکہ میر صاحب کے شجرے میں حضرت دلبر شاہ کا اسم گرامی موجود ہے۔ لہٰذا یہ ثابت ہوا کہ ابھی حضرت دلبر شاہ کی اولاد میں جناب میر صاحب کی ذات بابرکات ابھی باقی ہے۔ لہٰذا میر صاحب کو صحیح وارث کی حیثیت سے سجادہ نشین قرار دے کر گدی پر بٹھا دیا گیا اور آپ کے حلقۂ ارادت میں سب سے پہلے اسی خاکسار نے اپنے کو پیش کیا۔

میر صاحب میں اس کے بعد کیا تغیرات پیدا ہوئے۔ اس کا اندازہ صرف دیکھنے سے کیا جاسکتا ہے کسی نے سچ کہا ہے کہ ع

خدا جب حسن دیتا ہے نزاکت آہی جاتی ہے۔

بالکل یہی حال میر صاحب کا تھا کہ ع

خدا جب پیر کرتا ہے کرامت آہی جاتی ہے۔

یعنی آپ کی داڑھی ایک طرف سے اور کاکلیں دوسری طرف سے بڑھنا شروع ہوگئیں نماز اور وظیفہ کے علاوہ ایک بڑی لمبی سی تسبیح بھی ہاتھ میں رہنے لگی۔ یہاں تک کہ رفتہ رفتہ سر پر چوگوشیہ ٹوپی۔ بدن پر لمبا سا کرتا اور ٹخنے کھلا پائجامہ پہن لیا گیا اور میر صاحب اب سچ مچ کے شاہ صاحب تھے۔ سچوں پر دم کرتے تھے۔ ہر مرض اور ہر کام کے لیے آپ کے تعویذوں کی دھوم تھی۔ یہاں تک کہ آپ کو قوالی میں ایسا خوفناک قسم کا حال آتا تھا کہ دیکھنے والے دہل جائیں۔

میر صاحب کے یوں تو ہم مرید تھے لیکن درحقیقت وہ ہمارے ہی ارادت کیش تھے۔ ہر روز رات کے وقت ہمارے پیر مرشد ہم سے اپنی مزید مستاریوں کے لیے مشورہ فرماتے تھے اور ہمارے مشوروں پر چل کر تھوڑے ہی دنوں میں وہ اس قابل ہوگئے تھے کہ بذات خود اپنے فرائض انجام دے سکیں۔

میر صاحب نے اپنی شرافت سے ہم کو بھی اس نفع میں شامل کرنا چاہا جو ہماری وجہ سے ان کو پہنچ رہا تھا لیکن ہم نے اسی کو غنیمت سمجھا کہ ان کے طفیل میں نہ صرف ہمارا مکان بچ گیا بلکہ لب سٹرک رہتے تھے عمدہ سے عمدہ درگاہ شریف کا تبرک کھاتے تھے اور میر صاحب کا ایسا مسلم الثبوت بزرگ ہمارے زیر اثر تھا۔

طنز و مزاح کے منتخب انشائیوں کا ایک اور مجموعہ

لاٹری کا ٹکٹ

مصنف : شوکت تھانوی

بین الاقوامی ایڈیشن جلد منظر عام پر آ رہا ہے